**Enver Şimşek**
† 9. September 2000, Nürnberg

**Abdurrahim Özüdoğru**
† 13. Juni 2001, Nürnberg

**Süleyman Taşköprü**
† 27. Juni 2001, Hamburg

**Habil Kılıç**
† 29. August 2001, München

**Mehmet Turgut**
† 25. Februar 2004, Rostock

**İsmail Yaşar**
† 9. Juni 2005, Nürnberg

**Theodoros Boulgarides**
† 15. Juni 2005, München

**Mehmet Kubaşık**
† 4. April 2006, Dortmund

**Halit Yozgat**
† 6. April 2006, Kassel

**Michèle Kiesewetter**
† 25. April 2007, Heilbronn

# Ağit

Bu dükkândan alırım
Sütü ve düğün dedikleri beyaz ekmeği
Bozuk paranın yanında
Bazen bir avuç dolusu
Fıstık verdikleri olurdu ya da
Tadına bakmam istenirdi
Henüz yeni getirilmiş içi badem dolu
zeytinin
Bir daha hiç badem olmayacak
Bu zeytinlerin içinde
Küflenmiş koca beyaz ekmekler
Ekşimiş süt
Ve yok
İsmi düğün olan ekmelerden
Bir gelin vardı
Kendisini dansa kaldıracak bir babadan
mahrum

Dükkân bomboş, yanmış yakılmış
Sorma neden diye
Sorma, bu bir savaş mı
Bir haçlı seferi
Çocuksuz
Bayraklarla
Erkeklerin kemerlerine yerleştirilmiş
Ve ayakkabılarını cilalar aileleri
Onlar gitmeden önce
Pasta yaparlar
Ve pullarını biriktirirler
Kimselerin yazmadığı mektupların
Arka odada biri otururdu
oynardı mühür yüzüğüyle
yüzler belirir yüzüğünde
Bir asker
Bir asker daha
Bir polis
Ve bir subay yeraltı dünyasından
Ve biri firma kurucularından
Ve biri daha
Bir pilottu o
Ve biri daha vardı
Bir genelevi
Ve bir kulübü olan
Bacak aralarında
Ağır makinelileri bulunanlar için
Ve bir diğeri
Fitilini ateşlemişti hakimlerin
Üniformada kırmızı apoletler

Dans ederler gündönümü ateşinde
Önce patates çevirirler
Bir o yana bir bu yana
Fotoğrafları kor ateşe tutarlar
Kâğıt başlar tutuşmaya

Ateş ediyorlar
Kameran yok mu?

Dükkânıma dönüyorum
Kapalı kepenklerin önünden geçiyorum
usul
İçerideki ölü adama
Beyaz ekmek vermek istiyorum
Bir çay
Çay soğuk ve çoktan
Tortulanmış bardağın kenarlarında,
çay soğuk
Ve çoktan tortulanmış bardağın
kenarlarında
Yarın sabah gelirim diyorum
Yarın sabah ve sana yine
Beyaz ekmek ve bir bardak dolusu
Sıcak, şekerli çay veririm.

Esther Dischereit'ın *Otello İçin Çiçekler – Jena Cinayetlerine Dair,* adlı eserinden, Secession Yayınları, Zürih 2014

# Klagelied

Ich kaufe ein in diesem Laden
Milch und das weiße Brot
das sie die Hochzeit nennen
Mit dem Wechselgeld
gab es manchmal eine Handvoll
Pistazien oder ich sollte
probieren von den Oliven
frisch geliefert und mit einer Mandel
darin gefüllt
keine Mandel mehr
wird je in diesen Oliven stecken
die länglich weißen Brote
sind verdorben
die Milch ist sauer
es gibt kein Brot
das Hochzeit heißt
es gab die Braut
die keinen Vater hat
der ihren Tanz anführte

der Laden ist leer, ausgebrannt
frag nicht warum
frag nicht, es ist der Krieg
ein Kreuzzug
ohne Kinder
mit Fahnen
die stecken Männern im Koppel
und ihre Familien wichsen ihnen
die Schuhe blank, bevor sie gehen
backen Kuchen und sammeln
die Marken von den Briefen
die keiner schreibt
im hinteren Zimmer
saß einer der spielte
mit seinem Siegelring
darin die Gesichter
erschienen
ein Soldat
ein weiterer Soldat
ein Polizist
und ein Offizier der Unterwelt
und einer von der Firmengründung
und noch einer
der war ein Flieger
und einer war's,
der hatte ein Bordell
und einen Club
für schwere Maschinen
die zwischen ihren Beinen
und ein anderer
der hat den Richtern
mal die Lunte brennend ausgelegt
die Uniform hat rote Schulterstücke

tanzen um ein Sonnwendfeuer
erst drehen sie die Kartoffeln hin und her
sie halten Fotos in die Glut
das Papier fängt zu glimmen an

sie schießen
hast du keine Kamera

Ich gehe zurück
zu meinem Laden
streiche vorüber an geschlossenen Jalousien
will dem toten Mann darin
ein Weißbrot geben
einen Tee
der Tee ist kalt und hat den Rand des Glases
schon verfärbt der Tee ist kalt und hat den Rand
des Glases schon verfärbt
am nächsten Morgen komme ich, sag ich,
am nächsten Morgen und geb dir wieder
ein Weißbrot und ein Glas voll heißen süßen
schwarzen Tees.

Aus: Esther Dischereit, *Blumen für Otello – Über die Verbrechen von Jena,* Secession Verlag, Zürich 2014

# Eine Reise durch Deutschland. Die Mordserie des NSU

## A Journey through Germany. The NSU Serial Murders

Paula Markert

Hartmann Books

# Foreword

When the German media reports a story about the so-called National Socialist Underground, or NSU for short, it usually starts with a burning mobile home in Eisenach, Thuringia, on November 4, 2011. The police found the corpses of Uwe Mundlos and Uwe Böhnhardt inside the trailer. They had been prominent figures in the local neo-Nazi scene since the 1990s, and, together with their friend Beate Zschäpe, had been actively sought by the police since 1998. It transpired that they had taken their own lives after a bank robbery the same day had put the police onto their tracks. Proof that the trio had been behind ten unsolved murders, between 2000 and 2007, was later found in the mobile home, as well as in an apartment in Saxony, which had also been torched. Eight of their victims were of Turkish origin, one was Greek, and the last was a German police officer. A taped confession was found, in which the "Pink Panther" ridiculed its victims, further proving that the three had been actively working underground as a neo-Nazi terror group for over a decade.

For the victims and their families, the NSU did not represent an isolated case that was suddenly uncovered following a burning mobile home and an exploding apartment; rather, it was symptomatic of long-standing, structural racism. The press gave the murders the derogatory name of "Döner-Morde", meaning "kebab murders". The police had generally decided that the killings were gang, drug or family-related. Despite the fact that none of the victims had any inkling of a criminal record, in many cases their friends and family were investigated as potential suspects. After the NSU was uncovered, it became known that the Federal Office for the Protection of the Constitution had already had several informants within the neo-Nazi scene. The question of how much the agency knew about the NSU is significant, especially if the murders could have been prevented.

In a 2012 speech, Angela Merkel promised that everything was being done to find all those who were involved with the NSU crimes. "They are a disgrace to our nation," the chancellor proclaimed. Eleven candles burnt on a podium as she spoke: ten for the NSU murder victims and one for all the other known and unknown victims of right-wing extremist violence in Germany. Authorities today refer to 75 deaths since the fall of the Berlin Wall. Studies by various independent organisations suggest the statistics indicate 178 victims. Merkel also spoke of the causes of radicalisation among young people: unemployment, depopulation and the ways in which society has failed them. "The state needs to be fully committed with all its power," she continued.

It seemed as though all the mistakes made during the reunification process of East and West Germany had become concentrated in this neo-Nazi group; it was as if all the country's inadequacies were now on trial. The Munich Court opened its doors to the case in 2013.

Many were hoping that the proceedings would include a thorough investigation into racism within the police force, with the possible involvement of the Federal Office for the Protection of the Constitution, as well as a sweeping enquiry into neo-Nazi groups across the country. When the charges were read, however, they dealt solely with Beate Zschäpe, the only survivor of the NSU's core three, as well as four others suspected of supporting the trio with weapons and money. Instead of a network, the NSU was portrayed as an isolated cell: a misfortune rather than a symptom of societal failings.

Five years on, in 2019, public interest in the NSU complex has cooled down. After 400 days of hearings, with nearly 650 witnesses and experts, as well as constant delays caused by sabotage-like efforts by the defence lawyers, the case roused little interest from within the nation's media outlets. On July 11, 2018, Beate Zschäpe was convicted of tenfold murder and sentenced to life imprisonment.

In light of the emergence of a new political right-wing, something that should have been a trauma for the entire nation now elicits nothing more than an impotent shrug of the shoulders.

Arvid Jurjaks

# Vorwort

Wenn in den deutschen Medien über die Geschichte des Nationalsozialistischen Untergrunds, kurz NSU, berichtet wird, beginnt es fast immer mit einem brennenden Wohnmobil in Eisenach, Thüringen, am 04. November 2011. In diesem Wohnmobil fand die Polizei die Leichen von Uwe Mundlos und Uwe Böhnhardt. In den 1990er-Jahren waren sie beide in der Neonazi-Szene Thüringens bekannt und wurden zusammen mit ihrer gemeinsamen Jugendfreundin Beate Zschäpe seit 1998 von der Polizei gesucht. Allem Anschein nach hatten sie sich im Zusammenhang damit, dass ihnen die Polizei nach einem Banküberfall am selben Tag auf die Spur gekommen war, nun selbst das Leben genommen. In dem Wohnmobil sowie in einer ausgebrannten Wohnung in Sachsen fand die Polizei Beweise dafür, dass das Trio hinter zehn ungeklärten Morden zwischen 2000 und 2007 steckte. Acht der Opfer waren türkischstämmig, eines griechischer Herkunft. Das zehnte Opfer war eine deutsche Polizistin. Durch ein Bekennervideo, in dem die Ermordeten von dem gezeichneten »Rosaroten Panther« verspottet wurden, wurde bekannt, dass eine neonazistische Terrorgruppe über ein Jahrzehnt im Untergrund tätig war.

Für die Opfer und deren Angehörige war der NSU kein Einzelfall, der plötzlich mit einem brennenden Wohnmobil und einer explodierenden Wohnung aufgedeckt wurde, sondern vielmehr eine Konsequenz jahrzehntelangen strukturellen Rassismus. In der Presse wurde die Mordserie lange abfällig als »Döner-Morde« bezeichnet. Seitens der Polizei wurden die Geschehnisse oft als Banden-, Drogen- oder Familiensachen eingestuft. Obwohl keiner der Getöteten auch nur ansatzweise einen kriminellen Hintergrund hatte, wurden Mitglieder ihrer Familien und ihres Freundeskreises in vielen Fällen als potenzielle Verbrecher überprüft. Der Verfassungsschutz, was sich nach Auffliegen des NSU herausstellte, hatte mehrere Informanten innerhalb der Neonazi-Szene geführt. Dies warf die Frage auf, in welchem Umfang den Behörden der NSU bereits bekannt war. Und ob die Morde somit hätten verhindert werden können.

2012 versprach Angela Merkel in einer Rede, dass alles dafür getan werden solle, um alle an den NSU-Verbrechen Beteiligten ausfindig zu machen. »Sie sind eine Schande für unser Land«, sagte die Bundeskanzlerin in der Rede. Auf einem Podium brannten elf Kerzen. Zehn für die durch den NSU Ermordeten und eine elfte für alle anderen bekannten und unbekannten Opfer rechtsextremer Gewalt im Land. Heute, 2019, rechnen die Behörden mit 75 Toten seit dem Mauerfall. Unterschiedlichen Freiwilligenorganisationen zufolge, die die Statistiken anders deuten, handelt es sich eher um 178 Todesopfer. Merkel sprach auch über die Ursachen der Radikalisierung junger Menschen, über Arbeitslosigkeit, Abwanderung und den Verrat der Gesellschaft an den Jugendlichen. »Der Staat ist hier mit seiner ganzen Kraft gefordert«, fuhr sie fort.

Es war so, als ob sich all das, was in Deutschland seit der Wiedervereinigung von Ost und West falsch gelaufen war, in dieser neonazistischen Gruppierung konzentrierte, als ob die gesamte Unzulänglichkeit eines Landes durch diese vor Gericht gestellt werden sollte. 2013 wurde der Prozess in München eröffnet.

Viele hofften darauf, dass die Verhandlung eine umfangreichere Auseinandersetzung mit dem Rassismus im deutschen Polizeiwesen, mit der eventuellen Beteiligung des Verfassungsschutzes und mit einem Großteil der neonazistischen Szene im Land hervorrufen würde. Aber als die Anklage präsentiert wurde, umfasste diese lediglich Beate Zschäpe, die einzige Überlebende des Kerntrios, sowie vier weitere Personen, die der Unterstützung des Trios mit Waffen und Geld verdächtigt wurden. Anstatt als Netzwerk wurde der NSU als isolierte Zelle dargestellt. Ein Unglück anstatt eines Symptoms gesellschaftlichen Versagens.

Mehr als fünf Jahre später, 2019, ist das Interesse an dem Prozess abgekühlt. Nach über 400 Verhandlungstagen mit fast 650 gehörten Zeugen und Sachverständigen, einschließlich ständiger Verzögerungen durch sabotagegleiche Aktionen der Verteidigung, erzeugte die vorher so aufmerksamkeitserweckende Verhandlung zuletzt kaum noch Interesse in den landesweiten Medien. Am 11. Juli 2018 wurde Beate Zschäpe wegen zehnfachen Mordes zu lebenslanger Haft verurteilt.

Das, was ein Trauma für ein ganzes Land sein sollte, hat sich im Schatten einer neuen politischen Rechten in ein Achselzucken verwandelt.

Arvid Jurjaks

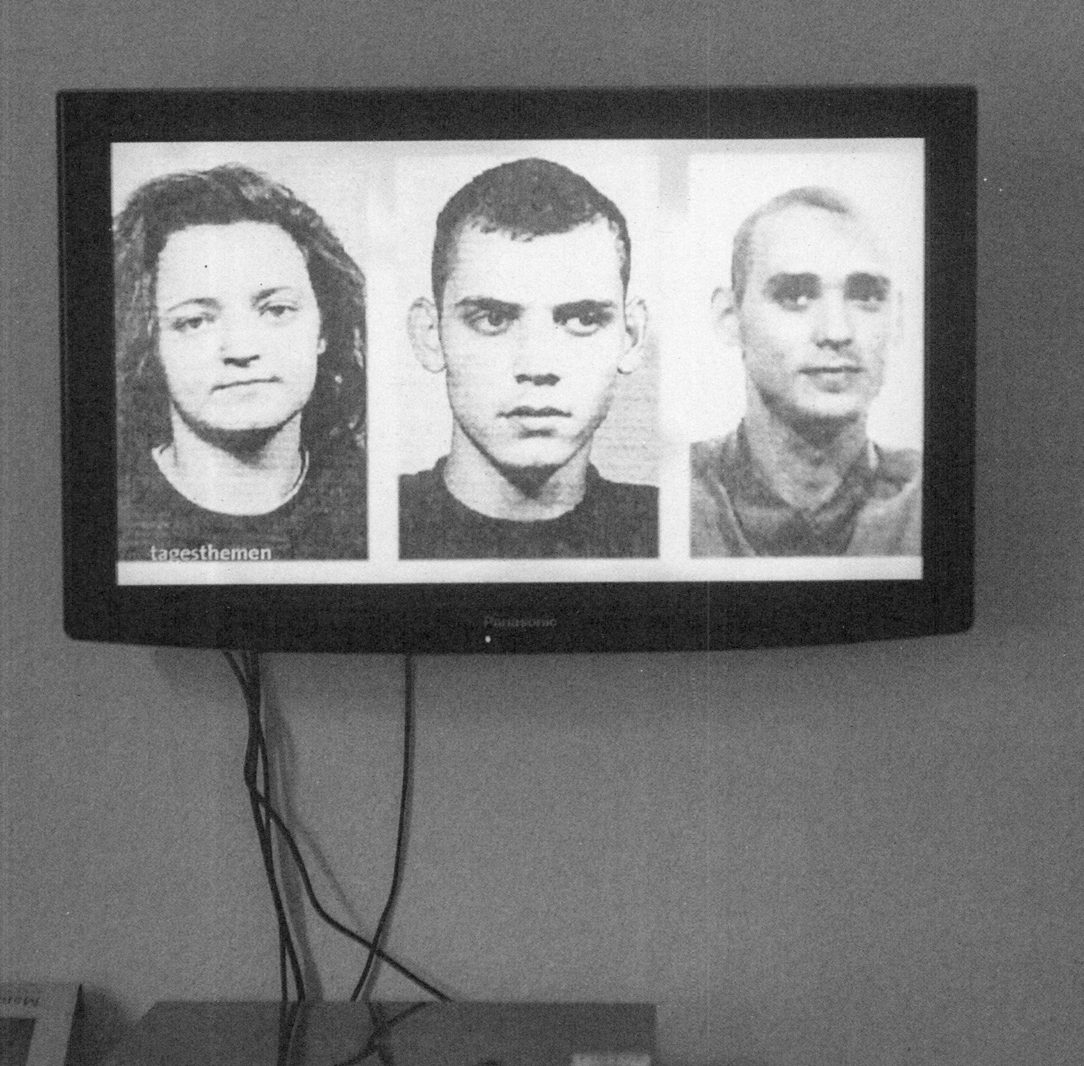
tagesthemen

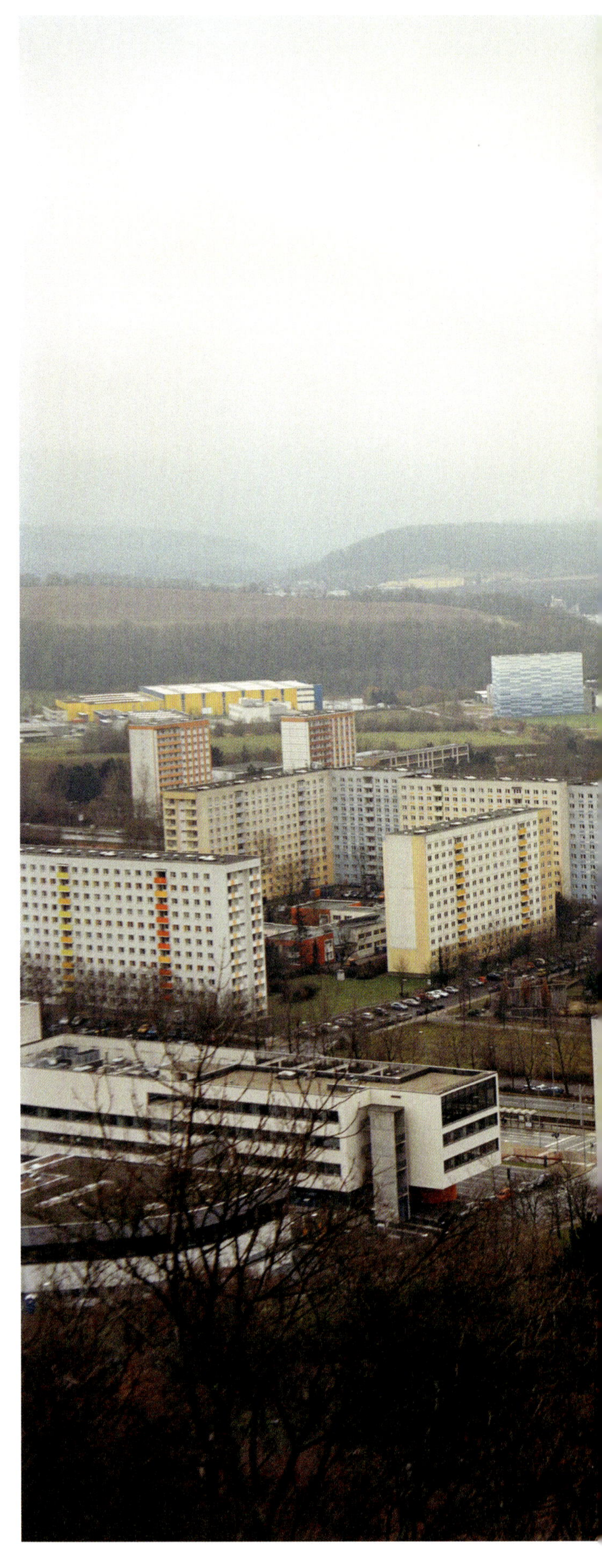

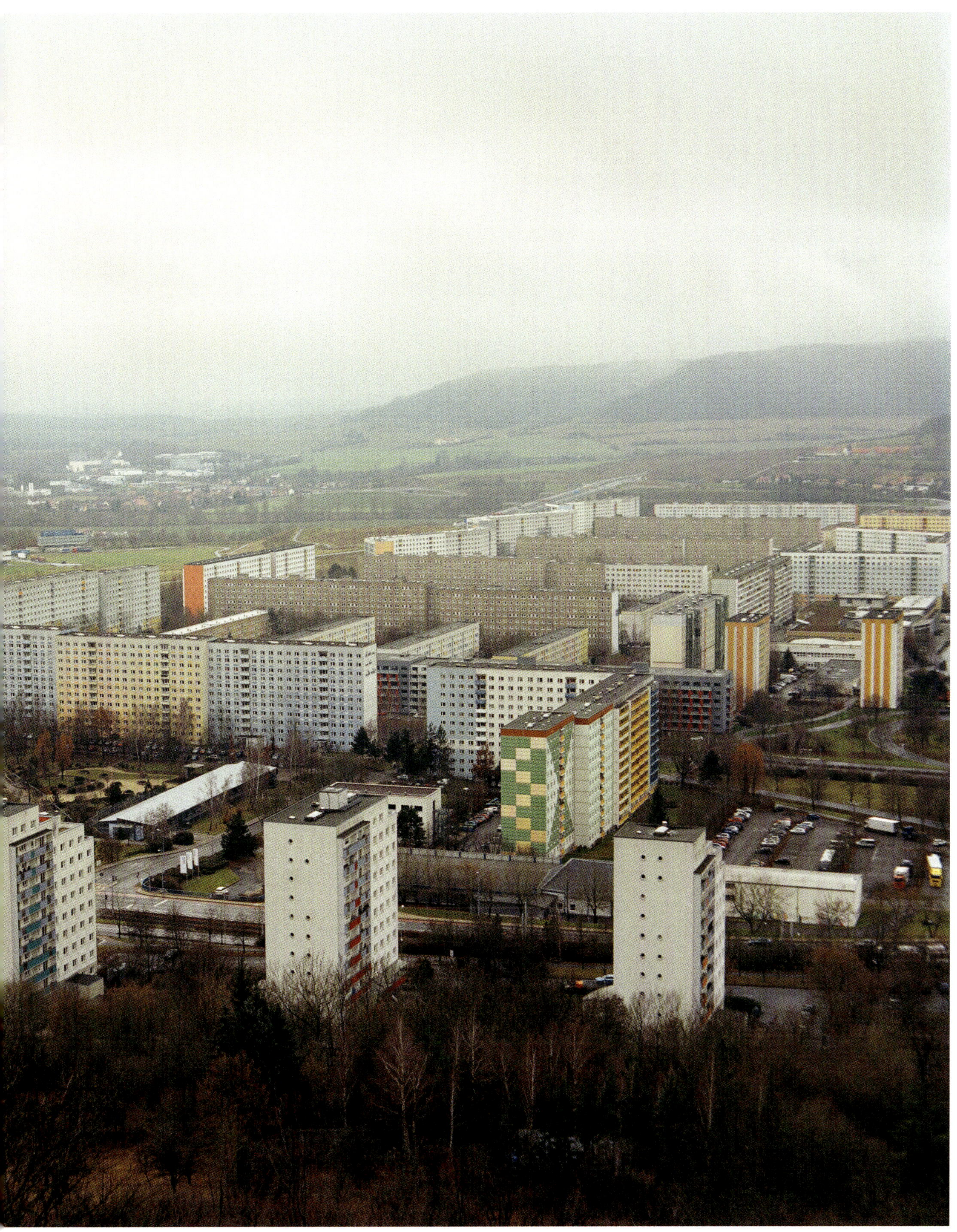

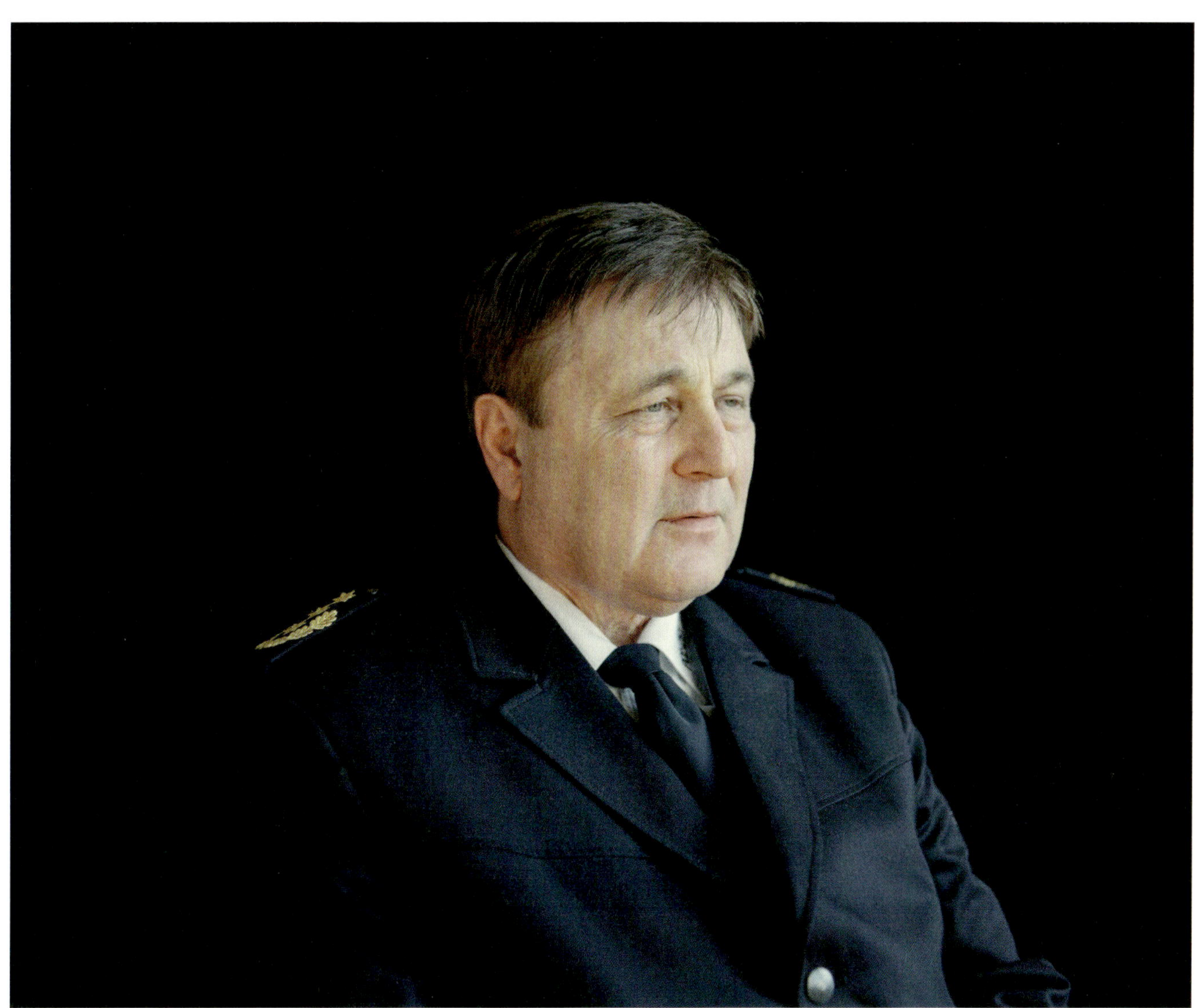

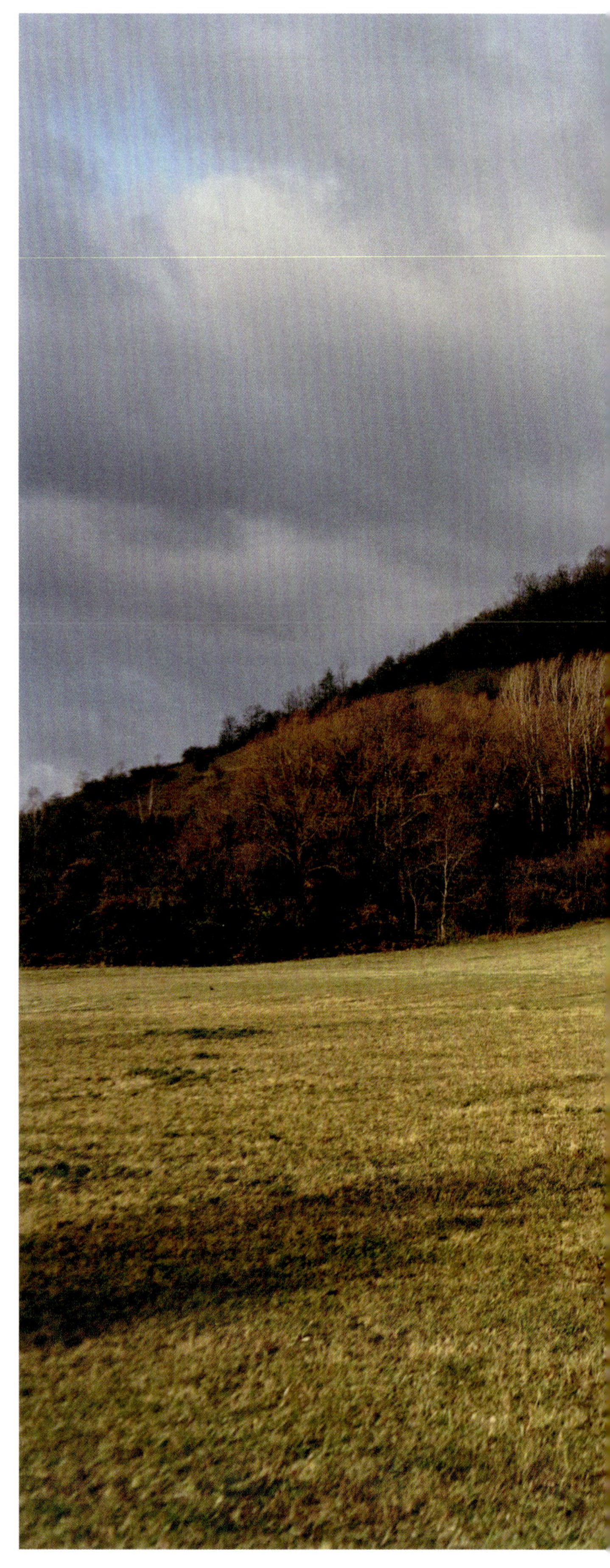

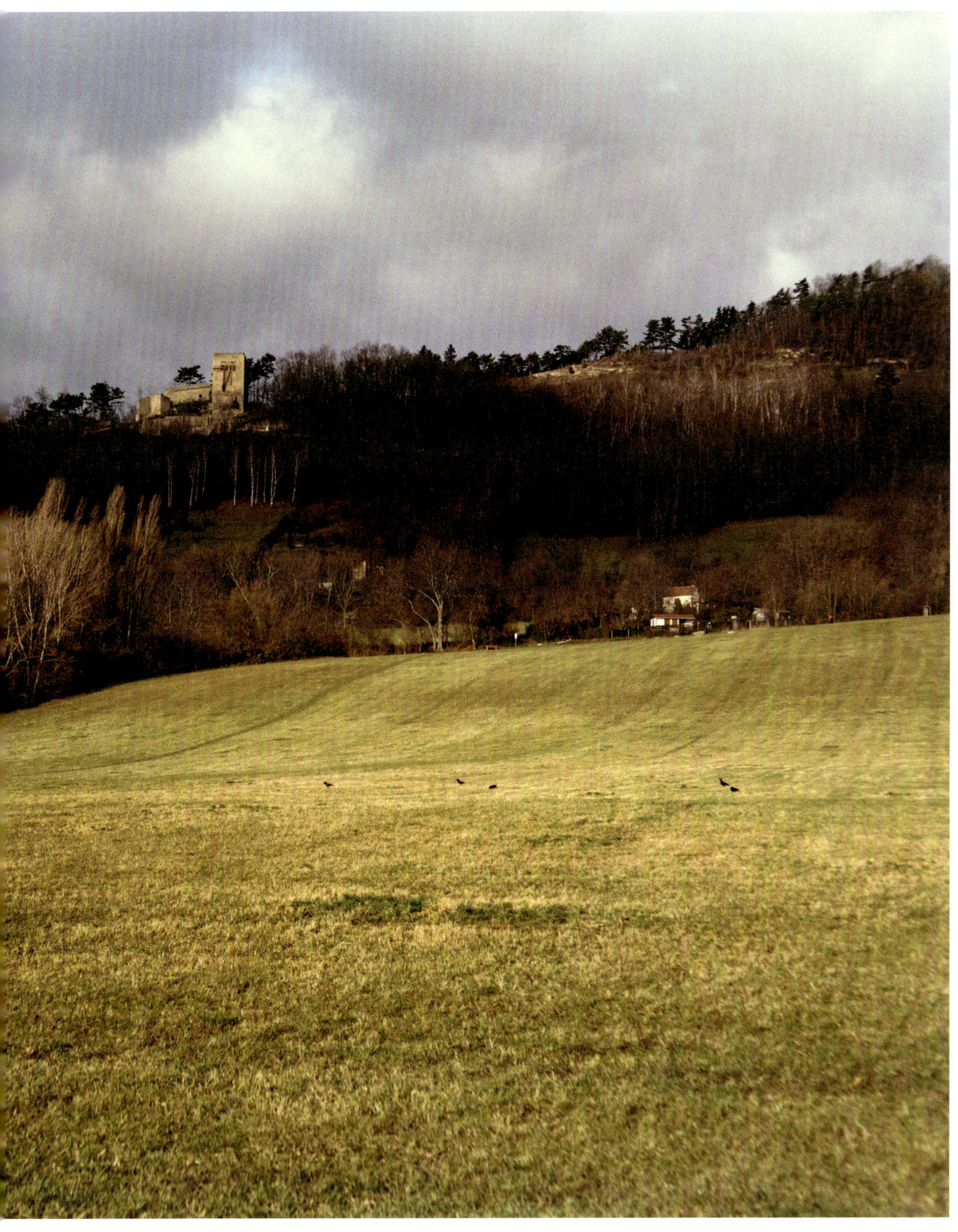

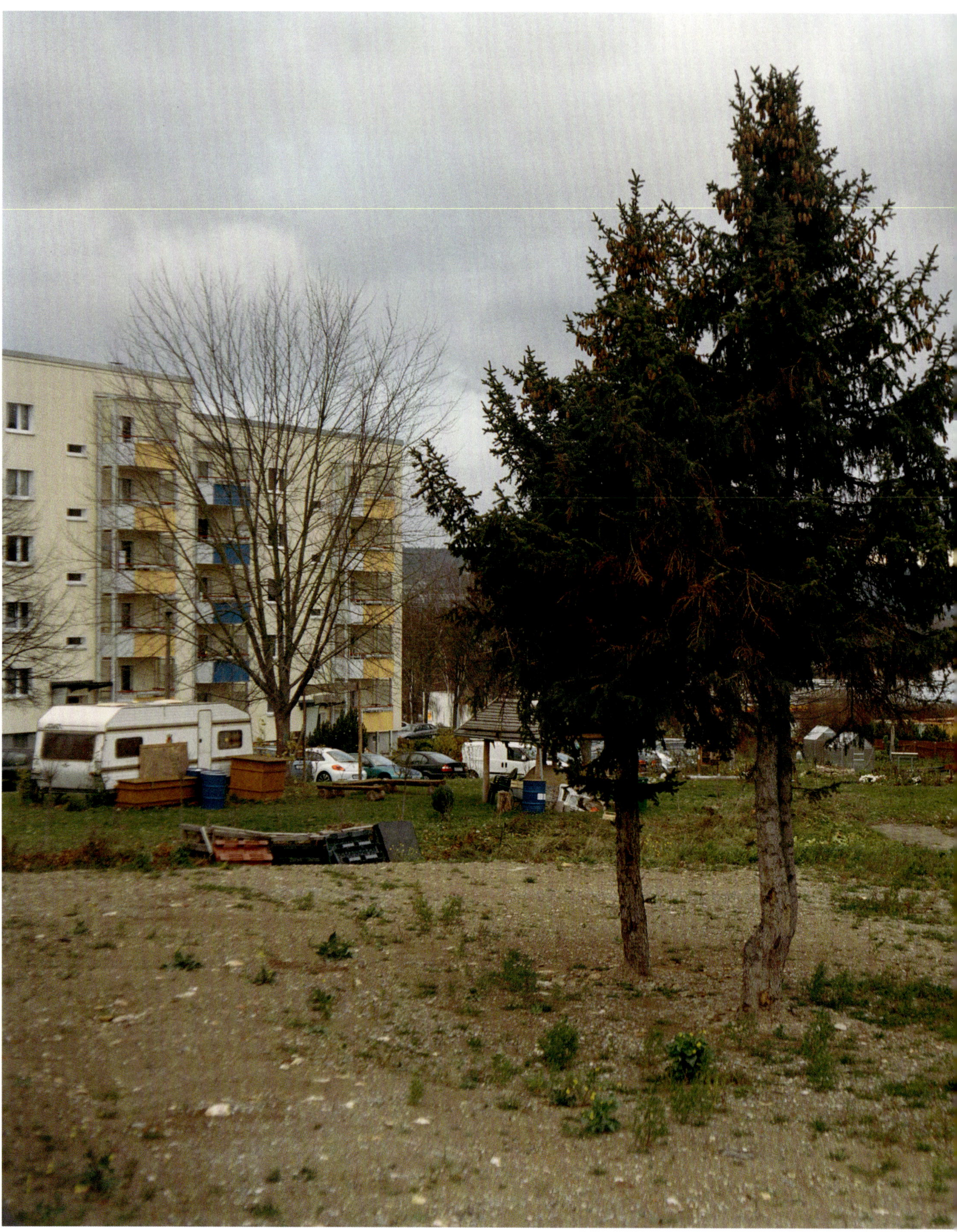

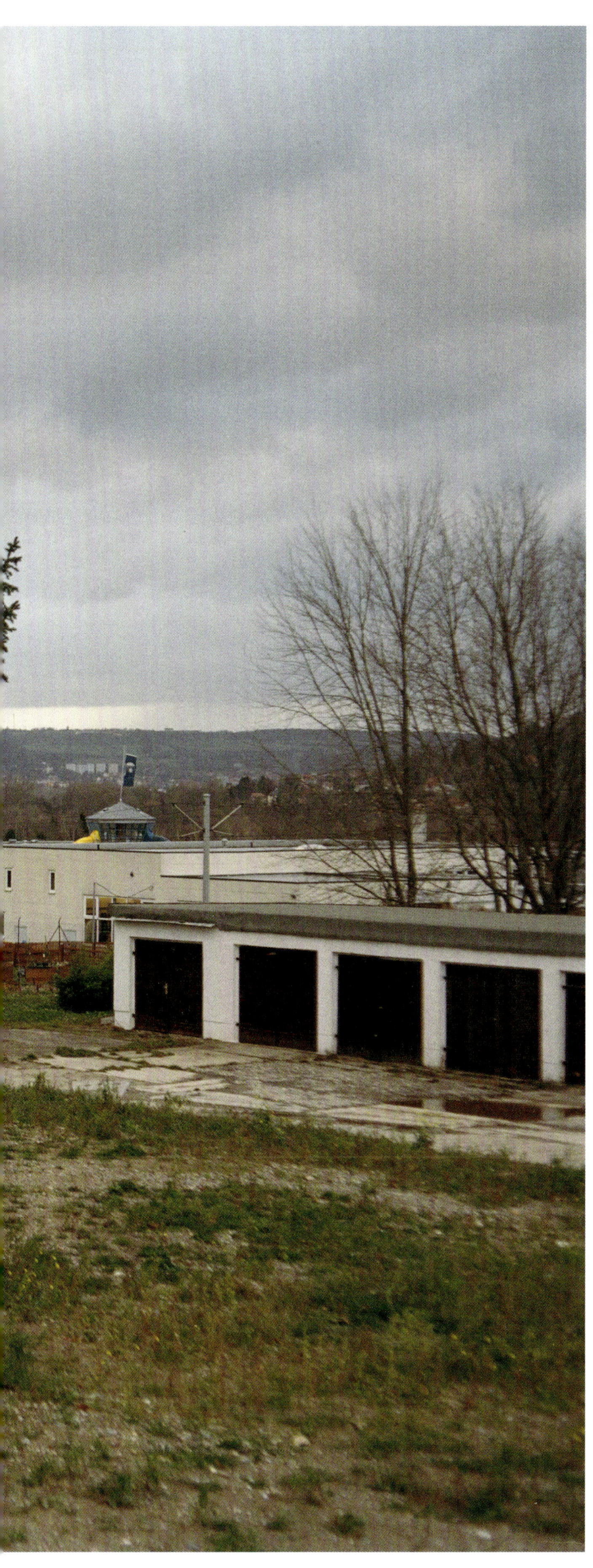

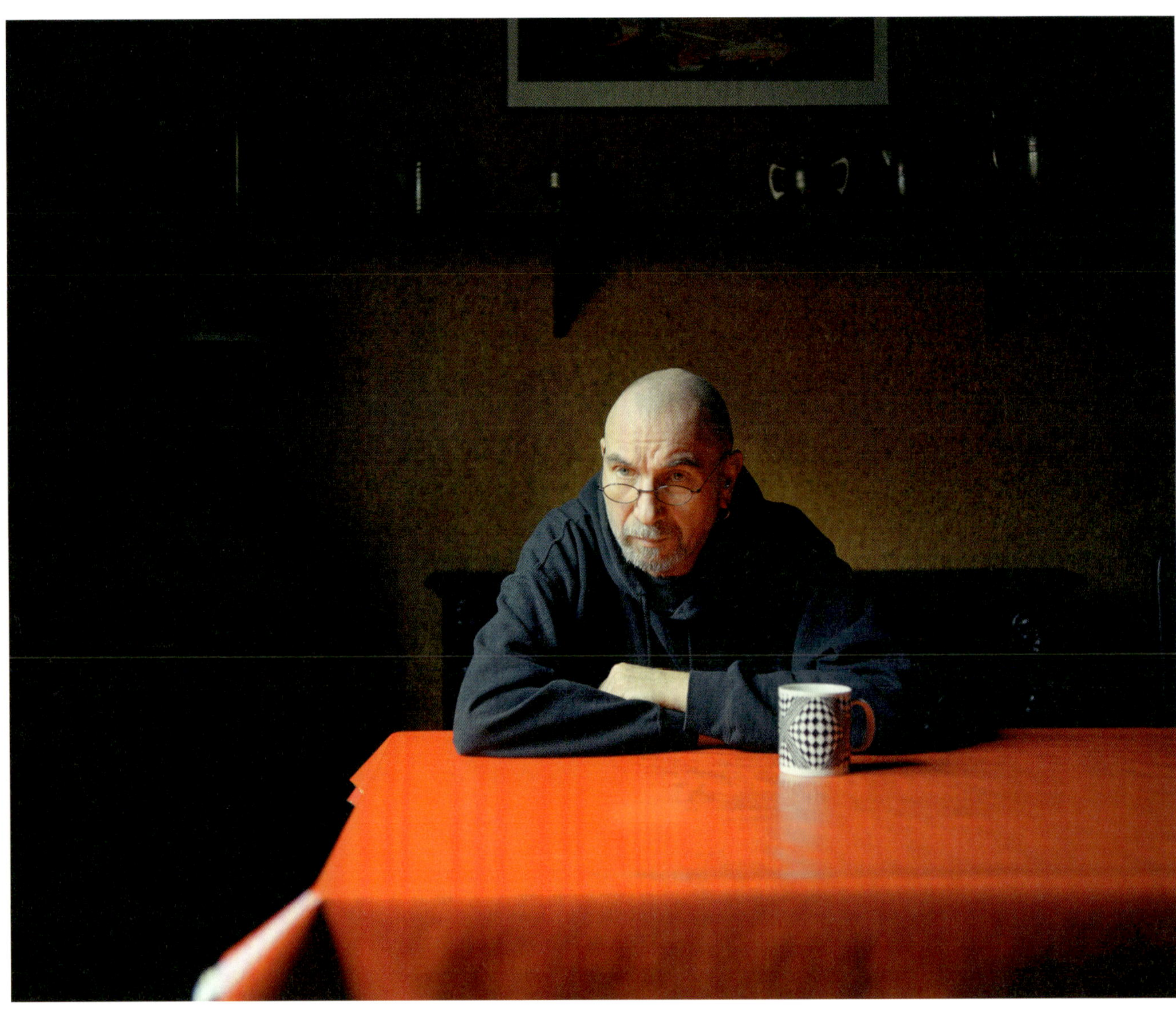

"It is not the social worker's job to unlock the door. He or she functions rather as a contact person, an opposite for those who turn up. Neither from my perspective back then nor from today, after all the filings and investigating committee meetings, can I say anything other than, awful. And it is awful that such a place was a youth community centre. And the fact that there was no reaction, even back then, when criticisms were being raised. I remember in 1997 or 98, the youth community organised a demonstration in Winzerla, where a young girl of 16 or 17 made a handwritten flier in A6 format, which was then somehow copied and distributed. The flier claimed 'Winzerla is already a nationally liberated area [Ed. an extremist right-wing strategy for claiming areas as being outside regular government control]; we must make sure the city centre doesn't also become a nationally liberated zone'. As a result, the social workers of the city of Jena, including Kaktus, wrote a letter claiming that the situation was damaging their work, and that the youth of Winzerla were not right-wing but rather socially disadvantaged, and that the only thing protecting the youth from being sucked into the right-wing underground was the kind of youth work, based on acceptance, the social workers were practising. – That was a few months after the three had gone into hiding."

— **Katharina König, member of Die Linke (The Left) political party, member of the Thuringian State Parliament since 2009**

»Der Job des Sozialarbeiters ist nicht, die Tür aufzuschließen. Sondern mit den Menschen, die kommen, in Kontakt zu treten und ihnen ein Gegenüber zu sein. Weder damals, aus meinem damaligen Blick, noch heute, nach den ganzen Akten und den ganzen Untersuchungsausschuss-Sitzungen ist das wohl passiert und da kann ich nur sagen: schlimm. Und schlimm, dass so etwas ein kommunales Jugendzentrum war. Und dass das auch damals, als es die Kritik schon gab, überhaupt keine Reaktionen gegeben hat. Ich weiß noch, die Junge Gemeinde hat 1997 oder 1998 zu einer Demo aufgerufen nach Winzerla, da hat eine Jugendliche, die war damals 16 oder 17, einen kleinen Flyer gebastelt – mit der Hand geschrieben, A6 – und der wurde dann irgendwie kopiert und verteilt: ›Winzerla ist schon national befreite Zone, wir müssen aufpassen, dass nicht auch das Stadtzentrum eine national befreite Zone wird.‹ Und daraufhin gab es einen Brief von den Sozialarbeitern der Stadt Jena, darunter Kaktus, die geschrieben haben, dass damit ihre Arbeit beschädigt wird, dass die Jugendlichen in Winzerla nicht rechts sind, sondern sozial benachteiligt und dass nur ihre Form der akzeptierenden Jugendarbeit die Jugendlichen vor dem Abtauchen in den rechten Untergrund schützt. – Das war ein paar Monate nachdem die drei untergetaucht waren.«

— **Katharina König, Mitglied der Partei Die Linke, seit 2009 Thüringer Landtagsabgeordnete**

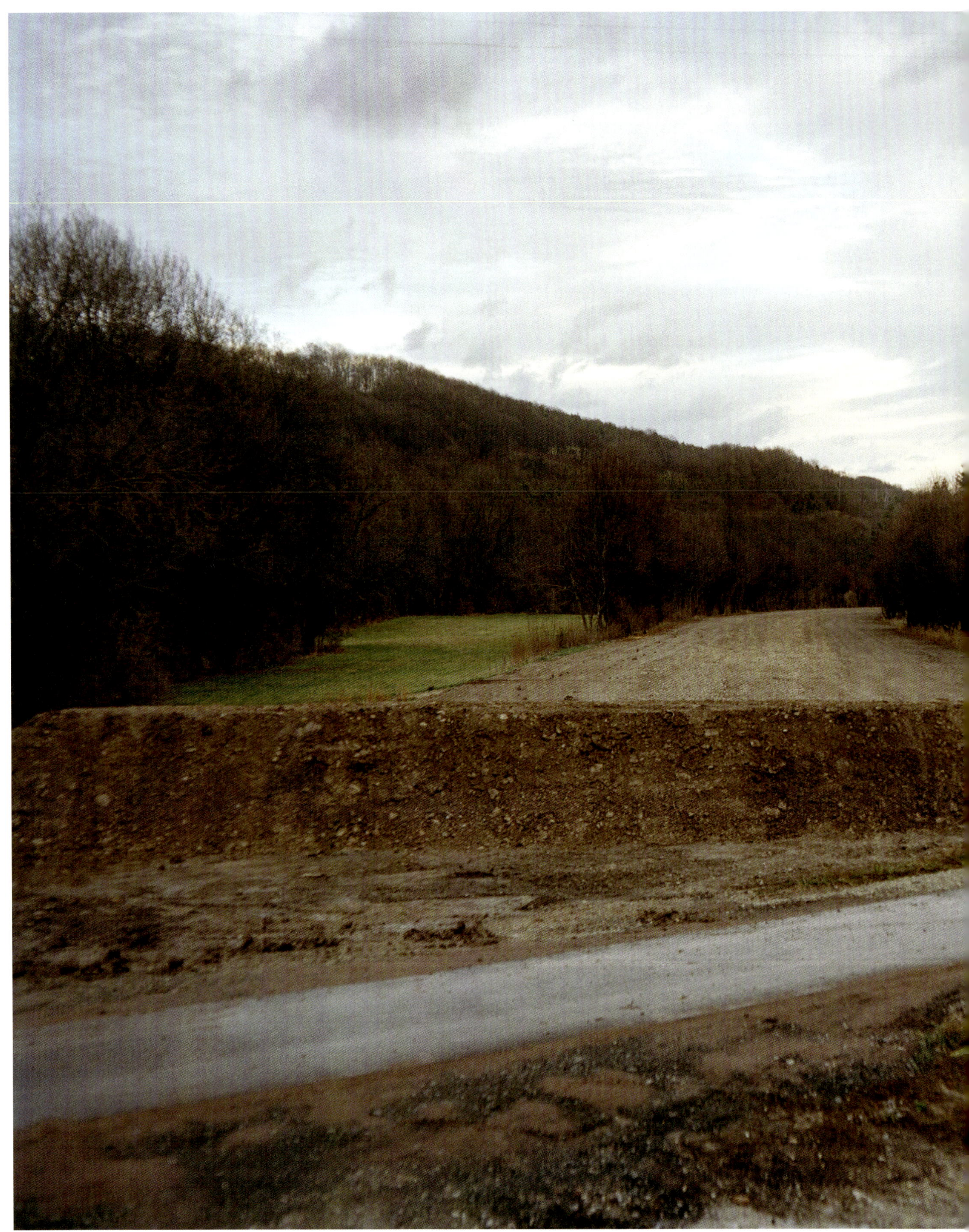

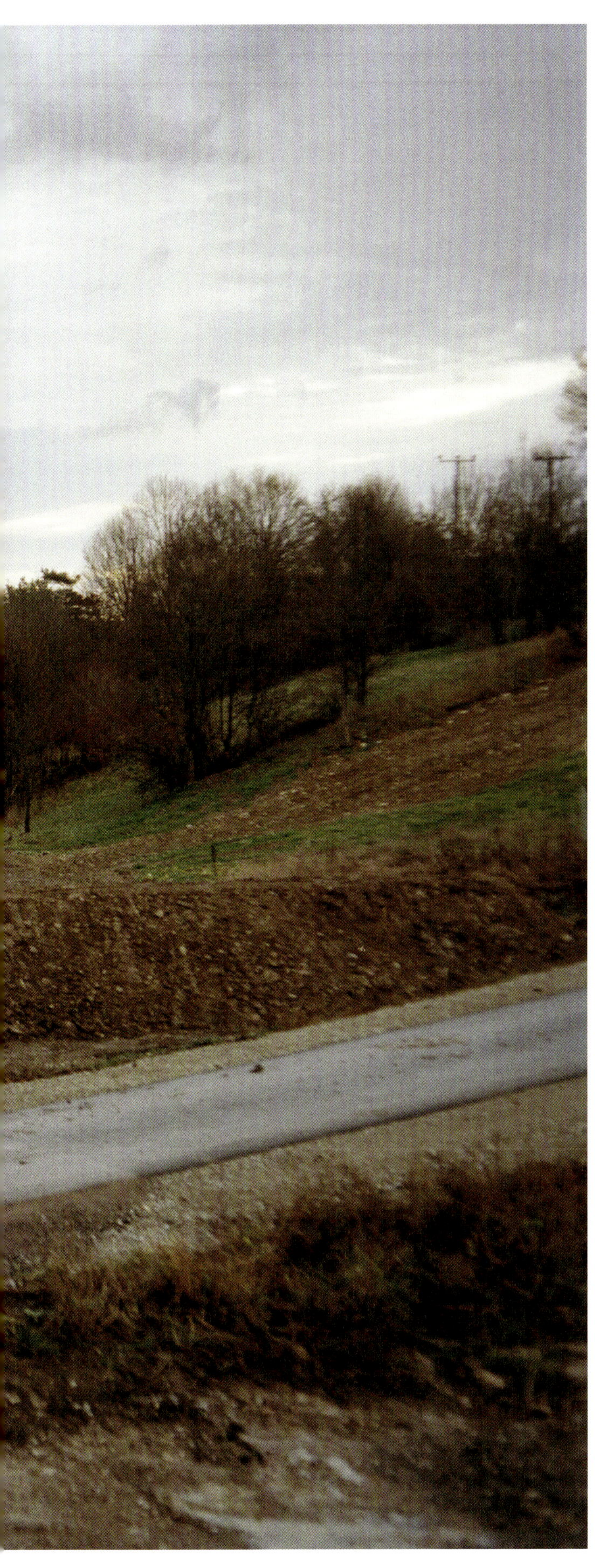

[3] The Doll Torso Law Suit:
[a] Judicial findings and process:

On April 21, 1997, the Jena District Juvenile Court convicted Böhnhardt for attempting Dangerous Interference with Road Traffic in coincidence with Incitement and Disturbance of the Peace, by threatening criminal offences, in multiplicity with Incitement, under consideration of the judgement upheld by the Jena District Juvenile Court on December 6, 1993 [...], to serve a combined punishment of three years and six months. The conviction is based predominantly on the establishment of the following facts: On April 13, 1996, between the hours of 1.00 and 1.20 a.m., Böhnhardt hung a doll's torso from the so-called "Pösener Bridge", over the Federal Highway 4, at kilometre 178.5, at Pösen, in the district of Bucha. The doll's torso was marked with a yellow Star of David and was armed with an improvised explosive device (IED). The IED was made of two cardboard boxes that were wired to the doll's torso with electrical cables, as well as a traffic sign reading "Caution, bomb". An imprint of the middle finger of Böhnhardt's left hand was found on one of the cardboard boxes, which featured the "Asti Spumante" commercial label.

— **Report by the Thuringian Administration and Prosecutor's Office during the prosecution of the "Zwickau Trio" ("Schäfer Report"). Free State of Thuringia, Erfurt, May 14, 2012**

[3] Puppentorso-Verfahren:
[a] Gerichtliche Feststellungen und Verfahrensgang:

Am 21.04.1997 verurteilte das Amtsgericht – Jugendschöffengericht Jena – Böhnhardt wegen versuchten gefährlichen Eingriffs in den Straßenverkehr in Tateinheit mit Volksverhetzung und Störung des öffentlichen Friedens durch Androhung von Straftaten in Tatmehrheit mit Volksverhetzung unter Einbeziehung des Urteils des Amtsgerichts – Jugendschöffengerichts – Jena vom 06.12.1993, [...] zu einer Einheitsjugendstrafe von 3 Jahren und 6 Monaten. Der Verurteilung lagen im Wesentlichen folgende Sachverhaltsfeststellungen zugrunde: Am 13.04.1996 zwischen 01:00 Uhr und 01:20 Uhr hing Böhnhardt an der Brücke der Bundesautobahn 4 bei km 178,5, genannt »Pösener Brücke«, Gemarkung Bucha, Ortsteil Pösen, einen Puppentorso auf. Der Puppentorso war mit einem gelben Judenstern und einer unkonventionellen Spreng- und Brandvorrichtung (USBV) versehen. Die USBV bestand aus zwei Kartons, die mit Elektrokabeln an den Puppentorso angeschlossen waren sowie einem Verkehrschild mit der Aufschrift »Vorsicht Bombe«. Auf einem der Kartons mit der Werbeaufschrift »Asti Spumante« fand sich der Abdruck des Mittelfingers der linken Hand Böhnhardts.

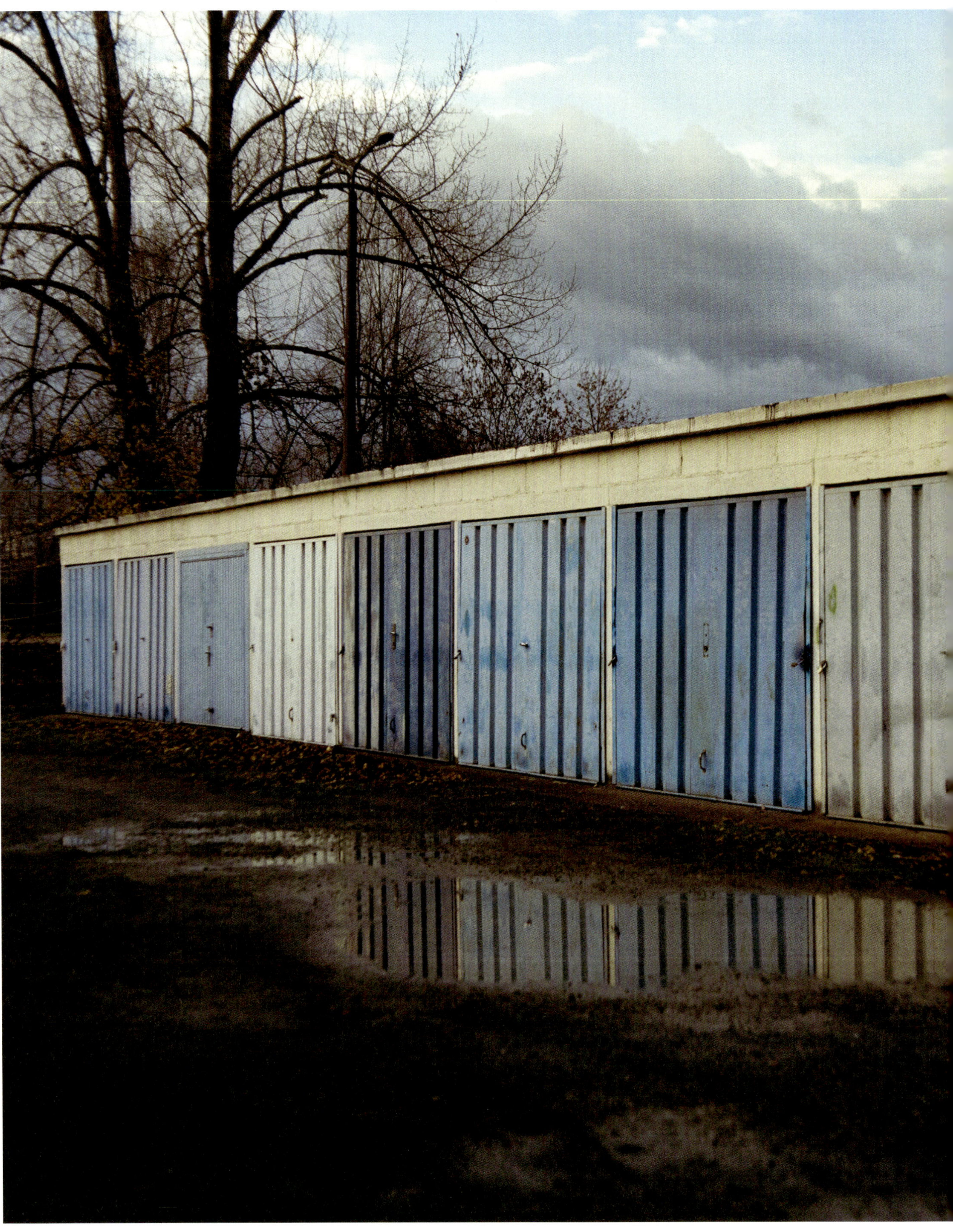

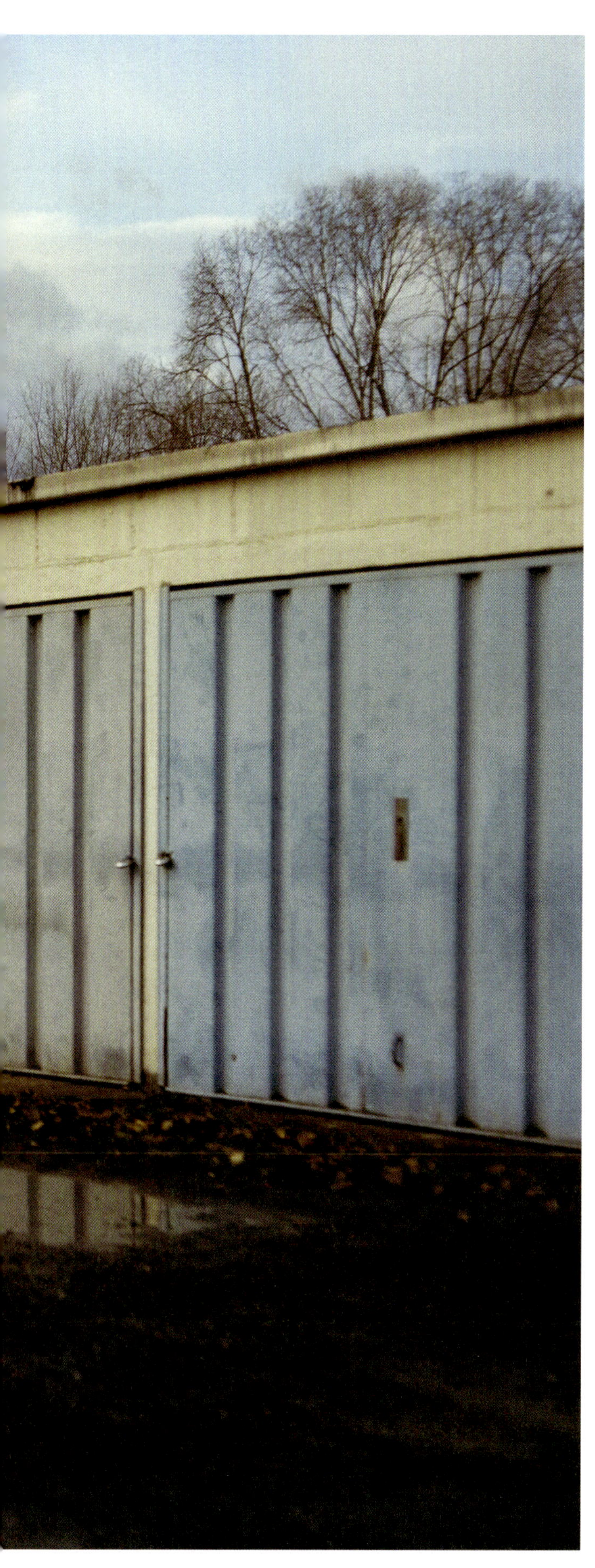

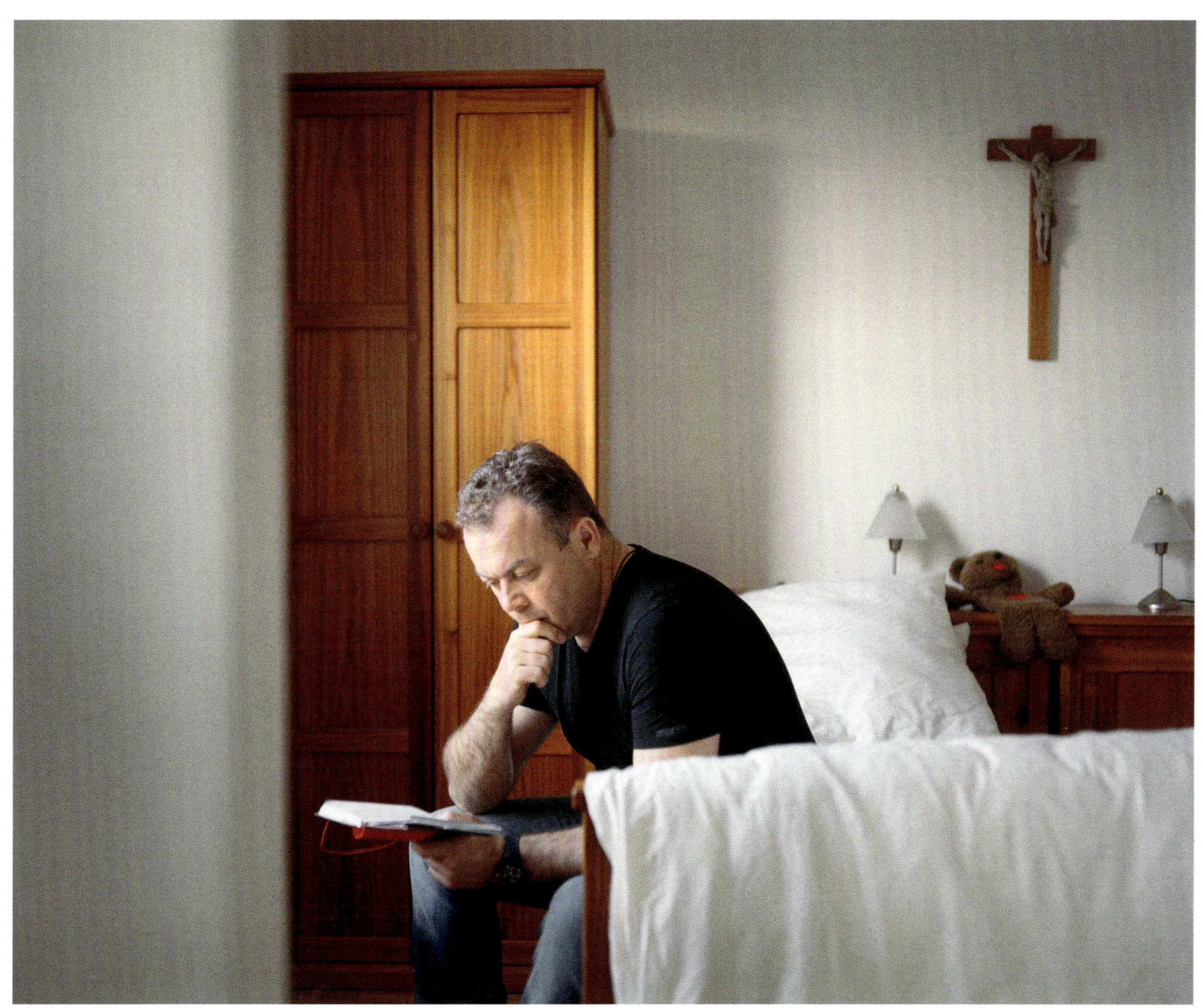

"I was 25 years old when I joined the REX – a special task force for right-wing extremism – at the end of 1995. I served in that unit, which was later downgraded to the Terrorism / Extremism Investigation Team, until the spring of 1998, up until the garage search and the ensuing scandal, which annoyed me to the extent that I complained about it at the time. After that, I was given the position of 'administrative assistant' and transferred to the Central Office for SED- and Bureaucratic Crime, where I spent part of my time dealing with cases from the fifties, while the 'trio' was still operating underground. Initially, I was involved in many of the preceding REX investigations, which, I'm sorry to say, culminated in the garage raid, without my assistance. That would have been the crowning glory for me; however, I would not have let the three of them go. I had been heavily involved in the investigation regarding many of the perpetrators, and had questioned Böhnhardt and Zschäpe in particular. Well, after it ended the way it did, allowing them to go back into hiding, it never left my mind completely. I had witnessed many inconsistencies, which compelled me to increasingly criticize my colleagues, my department LKA and the German office for the protection of the constitution and led me to pose some very uncomfortable questions, questioning many things. Yeah, and when the whole pot boiled over again in 2011, when the mobile home was found near Eisenach with Böhnhardt and Mundlos inside, that was when it all came rushing back and really hit me. I could never really get the entire story out of my mind. And when that happened, it was indescribable, so many things came rushing back to me, and I saw that my worst fears from back then had been confirmed."

— **Mario Melzer, member of the special commission for right-wing extremism, and the Thuringian terrorism / extremism investigative team in the 1990s**

»Ich war damals – 1995 – 25 Jahre alt, als ich zur Sonderkommission REX, Rechtsextremismus kam, die man später zur Ermittlungsgruppe Terrorismus / Extremismus herabstufte, und habe dort meinen Dienst geleistet bis Frühjahr 1998, bis es zum Eklat kam, nach dieser Garagendurchsuchung, über die ich mich aufregte und beschwerte. Danach versetzte man mich zur ›Geschäftsaushilfe‹ in die Zentralstelle für SED- und Funktionärskriminalität, wo ich zum Teil Sachverhalte aus den Fünfzigerjahren bearbeitete, währenddessen die ›drei‹ im Untergrund waren. Im Vorfeld waren da ja sehr viele Ermittlungsverfahren und Komplexe in der Soko REX, die ich bearbeitet habe, und leider Gottes ist es dann ohne mich geendet, bei dieser Garagendurchsuchung, das wäre für mich ein krönender Abschluss gewesen, allerdings nicht mit diesem Ergebnis, dass man die drei hat laufen lassen. Ich hatte halt intensiv gegen die Mitglieder des ›Thüringer Heimatschutz‹ ermittelt und gerade Böhnhardt und Zschäpe oft vernommen. Ja und nachdem das so ausgegangen war, dass die untertauchen konnten, hat mich das eigentlich nie mehr losgelassen, weil diese ganzen Ungereimtheiten, die ich auch miterleben musste, haben mich immer mehr zur Kritik bewogen an meinen Kollegen, an meiner Behörde, dem LKA, am Verfassungsschutz. Und das hat bei mir dazu geführt, dass ich sehr unbequeme Fragen gestellt habe, vieles in Frage gestellt habe, selbst unbequem wurde. Ja, und als sich dann 2011 diese ›Büchse der Pandora‹ wieder öffnete, als man dieses Wohnmobil da in der Nähe von Eisenach, Ortsteil Stregda, aufgefunden hat, mit Böhnhardt und Mundlos, da ist das natürlich über mich in einem ganz besonderen Maße noch einmal herabgebrochen, obwohl es mich ja nie losgelassen hatte, die ganze Sache. Und als es dann passiert ist, war das unbeschreiblich für mich. Meine schlimmsten Befürchtungen, die ich mal hatte, sah ich bestätigt.«

— **Mario Melzer, in den 1990er-Jahren Mitglied der Sonderkommission Rechtsextremismus und der Ermittlungsgruppe Terrorismus / Extremismus in Thüringen**

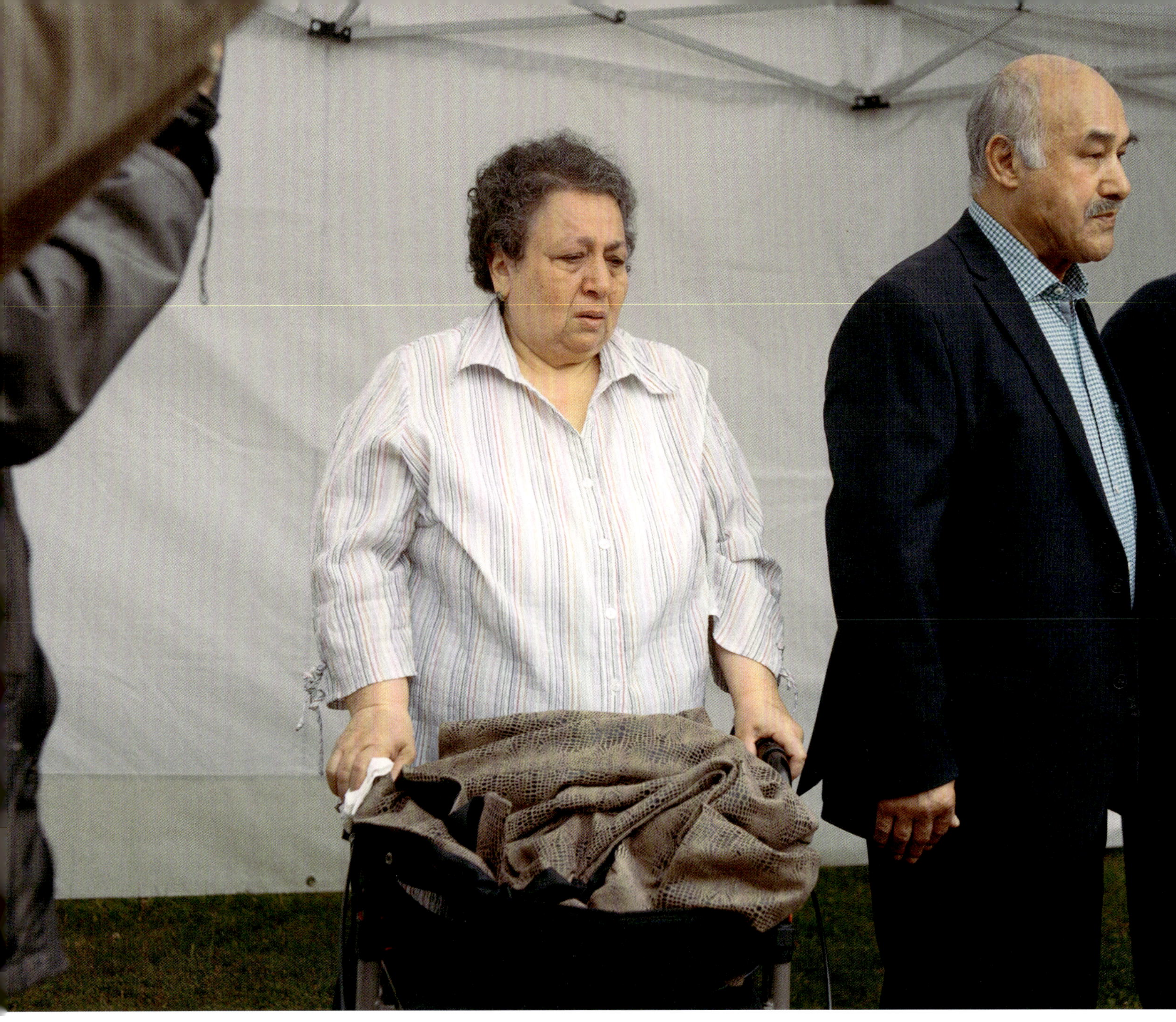

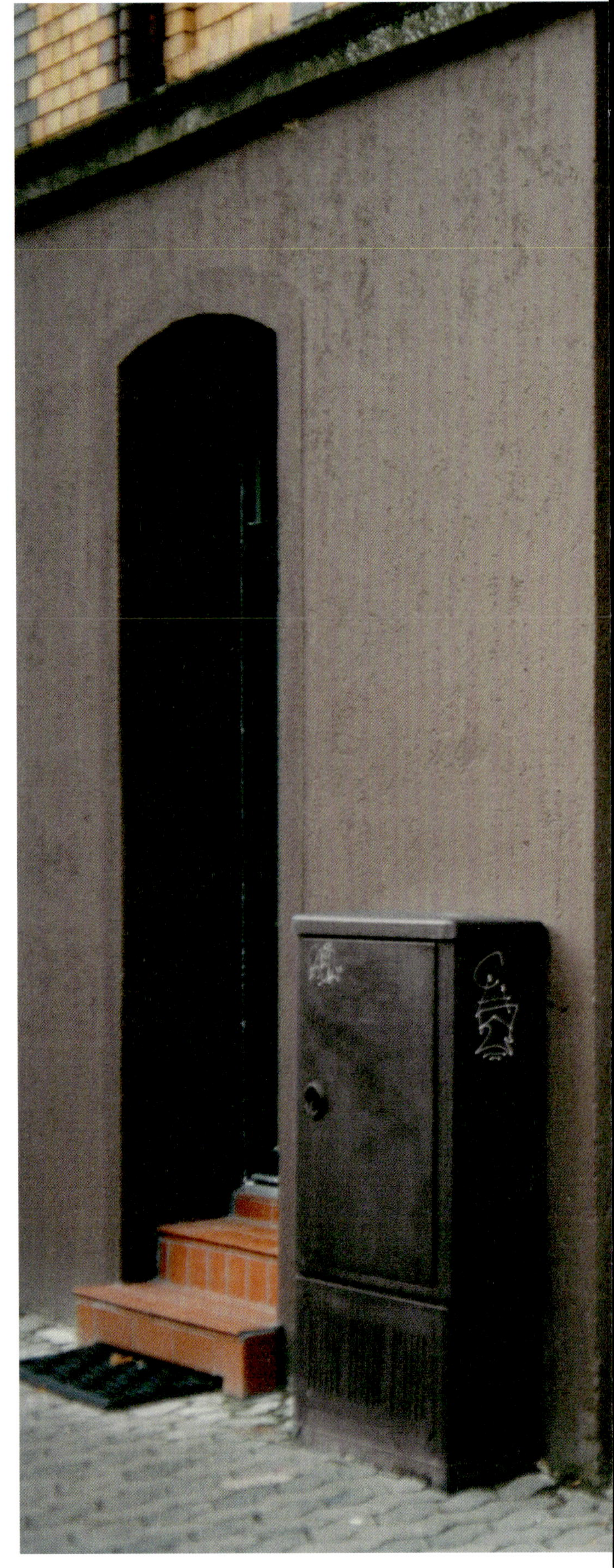

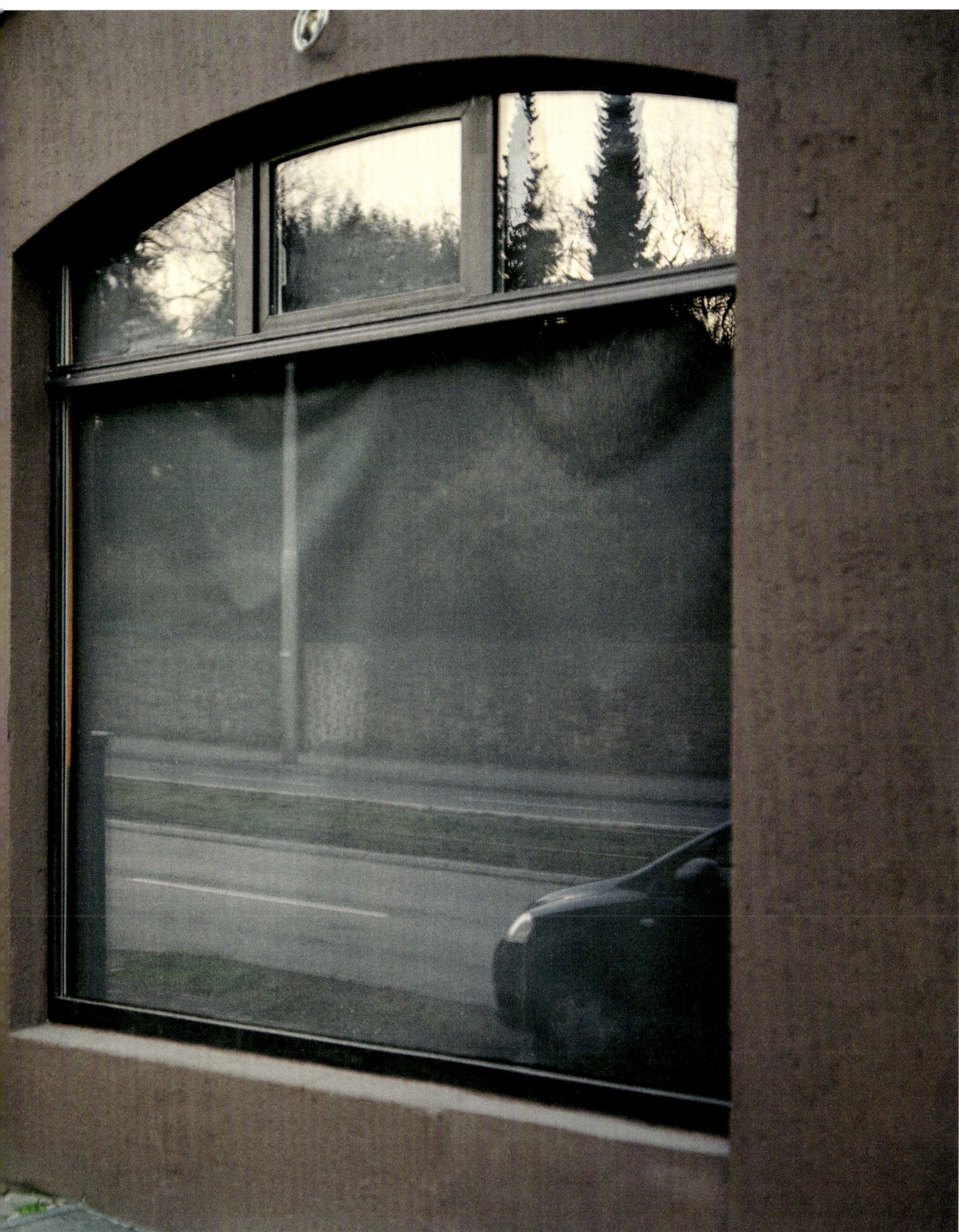

"It was Thursday, April 6, 2006, one day before my birthday. That morning I worked at the internet cafe because Halit had something else to do. We would swap responsibility at the counter – sometimes it was his turn, sometimes mine. At some point in the afternoon, Halit and his mother came into the store, and my wife told me that Halit had given her money to buy me a gift. 'Let's go' she said, 'he told me you should pick it out yourself.' Halit then stayed at the cafe while my wife and I went to the hardware store. I got myself a toolbox. We then meant to return to the cafe to relieve Halit, since he went to night school at around 5pm Until then he would always spend his time at the cafe doing homework. My wife and I were back at the cafe just after 5pm, maybe it was five past. Normally he would be standing at the door if I was coming to relieve him. On this day he was not. For a moment I was surprised. I parked the car and went in. Halit was nowhere. I called, 'Halit, where are you? Are you using one of the computers?' My gaze fell on the counter at the entrance, where customers go to pay. I saw three red drops. One, two, three little red drops, right next to each other, on the counter. I moved closer. Again I called, 'Halit, what are you doing with the red paint?' Then I saw him. He was lying on the floor behind the counter. I cried, 'Halit, what's happened to you?' I took him in my arms; the colour of his eyes had changed to purple. That's enough. I can't tell you any more."

— **From: "Er starb in meinen Armen",** ***DIE ZEIT,*** **42 / 2012, October 11, 2012**
**(Özlem Topçu interviewing Izmail Yozgat)**

»Es war der 6. April 2006, ein Donnerstag. Ein Tag vor meinem Geburtstag. Morgens arbeitete ich im Internetcafé, weil Halit etwas anderes zu tun hatte. Wir wechselten uns ab mit dem Tresen – mal passte er auf, mal ich. Irgendwann am Nachmittag kamen Halit und seine Mutter in den Laden, und meine Frau sagte: ›Ismail, Halit hat mir Geld gegeben, damit wir dir ein Geschenk kaufen. Du sollst es dir selbst aussuchen, hat er gesagt. Fahren wir los.‹ Halit ist dann im Laden geblieben, meine Frau und ich sind in den Baumarkt. Ich habe mir einen Werkzeugkasten gekauft. Wir wollten dann wieder zurück ins Internetcafé, um Halit abzulösen, weil er gegen 17:00 Uhr immer zum Abendgymnasium ging. Bis dahin war er immer im Laden und machte seine Schulaufgaben. Meine Frau und ich waren kurz nach 17:00 Uhr wieder beim Internetcafé, vielleicht war es fünf nach. Normalerweise stand er immer an der Tür, wenn ich ihn ablösen sollte. An diesem Tag nicht. Ich wunderte mich kurz. Ich habe den Wagen geparkt, bin reingegangen. Kein Halit. Ich rief: ›Halit, wo bist du, sitzt du grad selbst an einem der Computer?‹ Mein Blick richtete sich auf das Pult am Eingang, dort, wo die Kunden bezahlen. Ich sah drei kleine rote Tropfen darauf. Ein, zwei, drei kleine rote Tropfen, akkurat nebeneinander. Ich ging näher an das Pult heran. Wieder rief ich: ›Halit, was machst du denn hier mit der roten Farbe?‹ Da sah ich ihn. Er lag dahinter, auf dem Boden. Ich schrie: ›Halit, was ist mit dir?‹ Ich nahm ihn in den Arm, seine Augen verfärbten sich violett. Es reicht. Ich kann Ihnen nicht mehr sagen.«

— **Aus: »Er starb in meinen Armen«, *DIE ZEIT,* 42/2012, 11.10.2012**
**(Özlem Topçu im Interview mit Izmail Yozgat)**

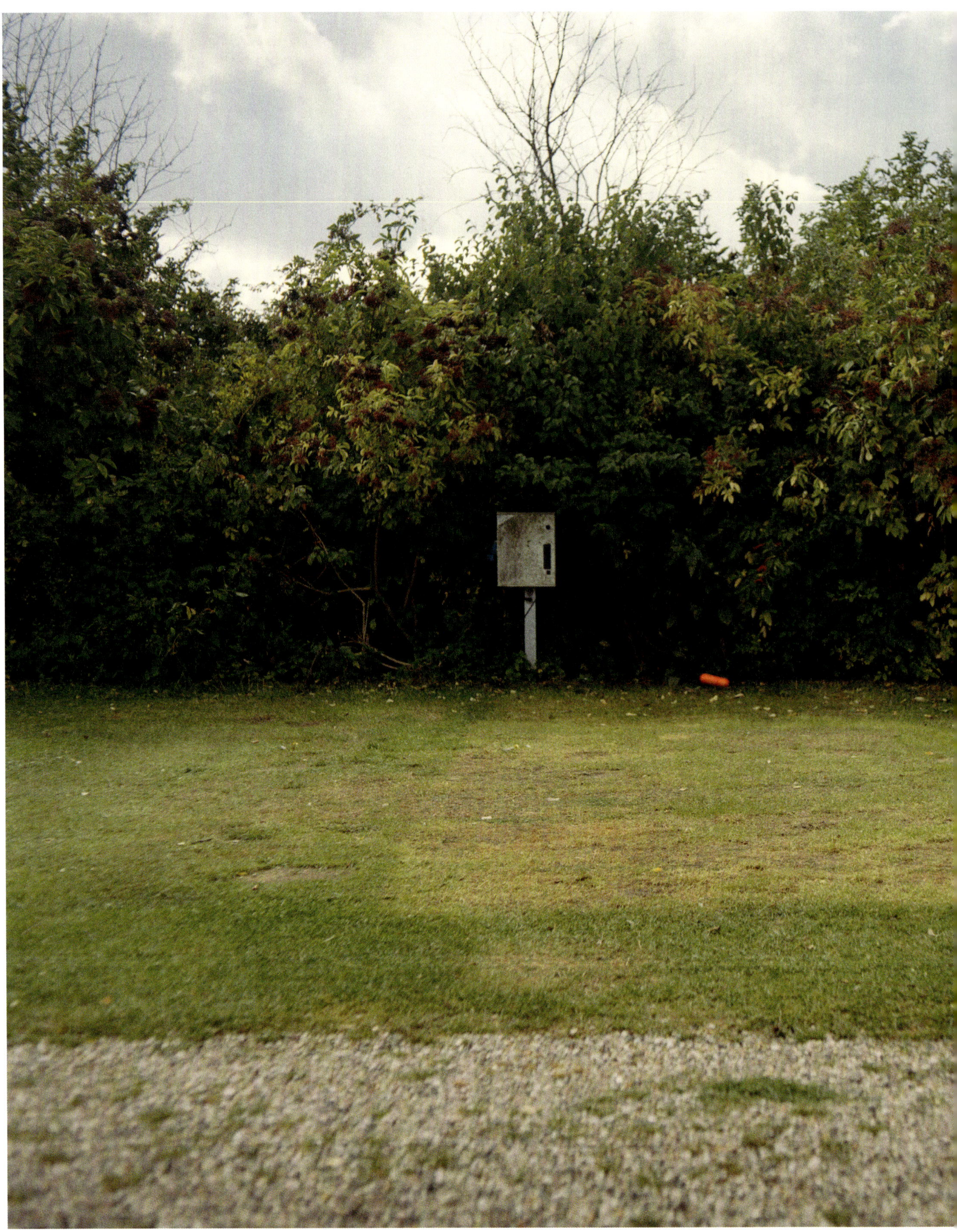

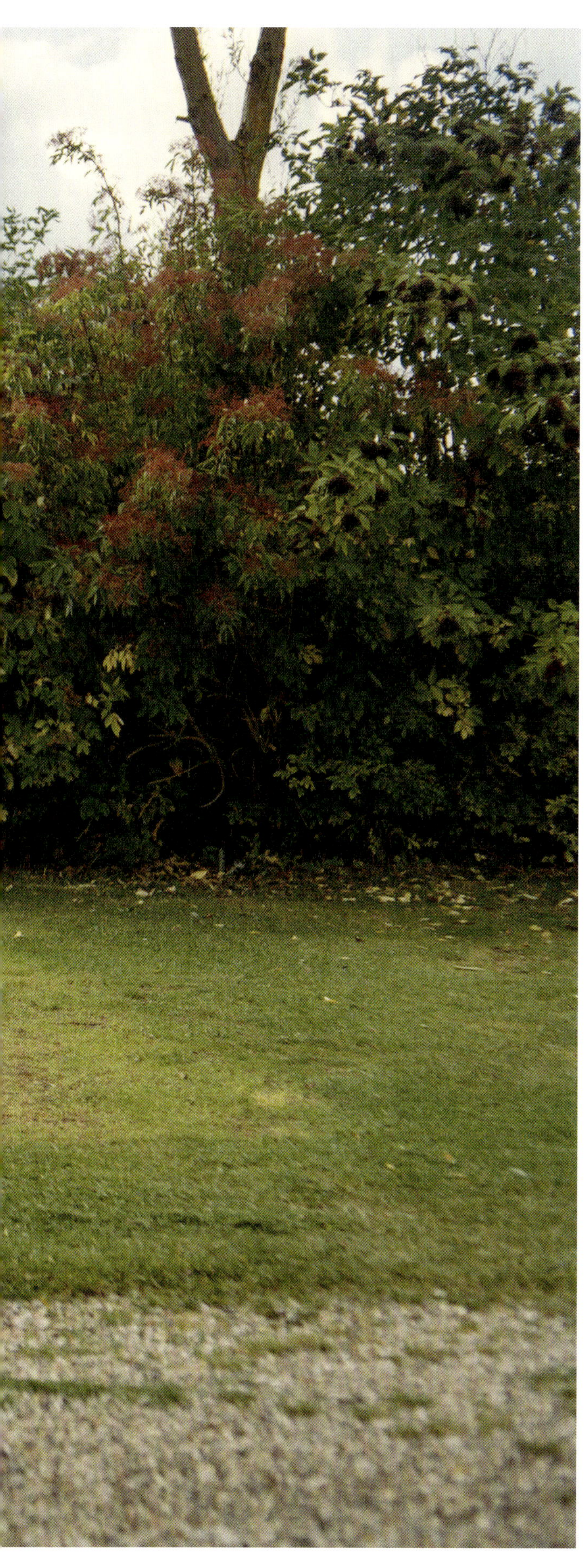

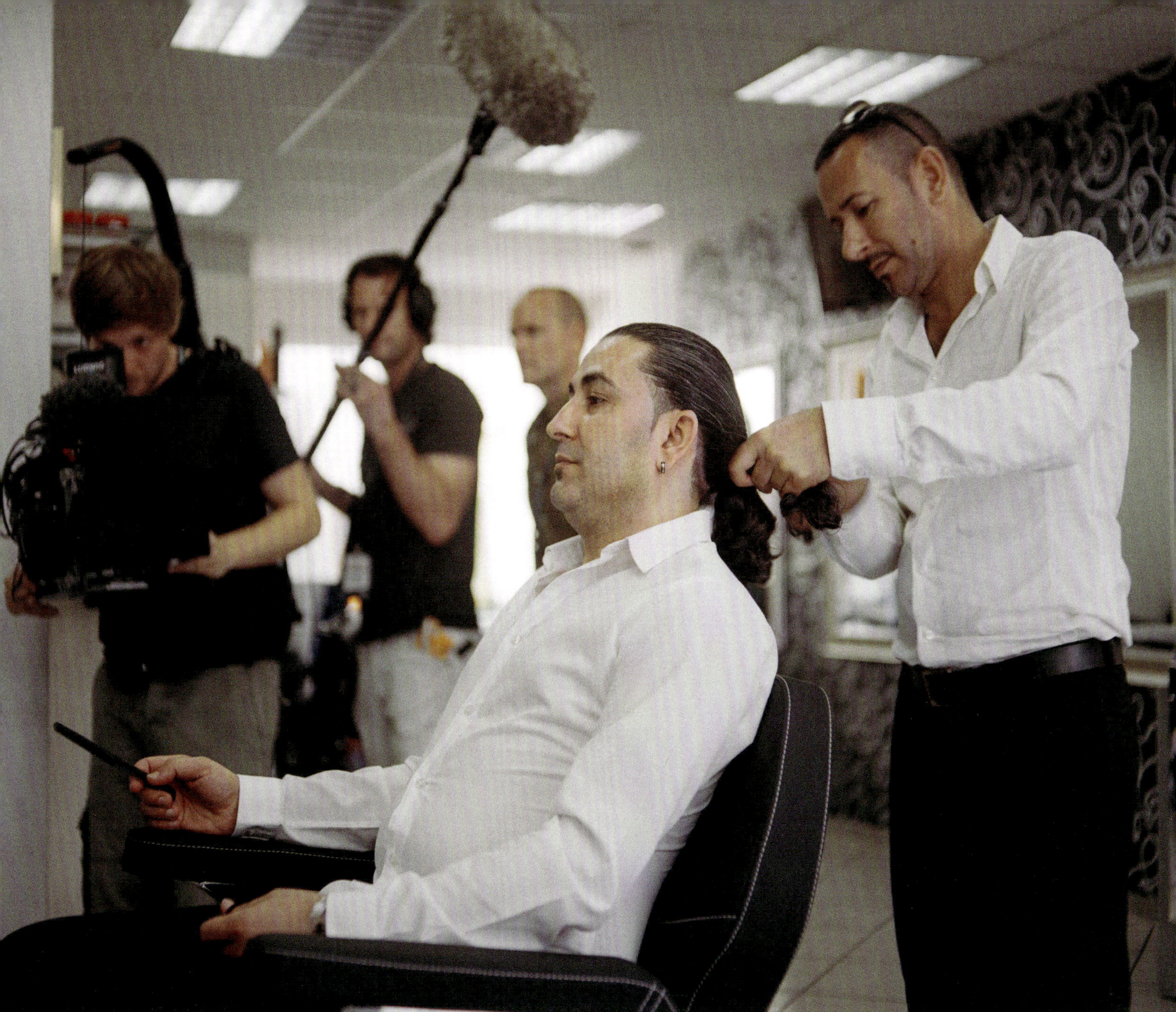

“We were not allowed to enter our businesses for two days. Civil servants came and asked whether it had been the Mafia. Whether it had been about extortion, or if it might have been Hisbollah. They did not ask us, ‘How is your situation, can you follow an inquiry?’ I said that I knew exactly who had done it: it was the racists, the Neo Nazis. The police officer made this sign *(holds his index finger over his mouth):* Psst, be quiet!”

— **Day 178, January 27, 2015, Arif Sağdiç, 52, store owner from Cologne. From: “Der NSU-Prozess. Das Protokoll des dritten Jahres” (“The NSU Trial: Transcripts of the third year”), *Süddeutsche Zeitung Magazin,* 1/2016**

»Zwei Tage durften wir unsere Geschäfte nicht betreten. Zivilbeamte kamen, fragten, ob es die Mafia gewesen ist. Ob es um Schutzgelderpressung ging oder es die Hisbollah gewesen sein könnte. Sie haben uns nicht gefragt: ›Wie ist Ihre Situation, können Sie einer Vernehmung folgen?‹ Ich sagte, ich weiß doch, wer das gemacht hat, das waren die Rassisten, die Neonazis. Der Polizist hat dieses Zeichen gemacht *(hält den Zeigefinger vor seinen Mund):* Psst, schweige!«

— **Tag 178, 27. Januar 2015, Arif Sağdiç, 52, Ladenbesitzer aus Köln. Aus: »Der NSU-Prozess. Das Protokoll des dritten Jahres«, *Süddeutsche Zeitung Magazin,* 1/2016**

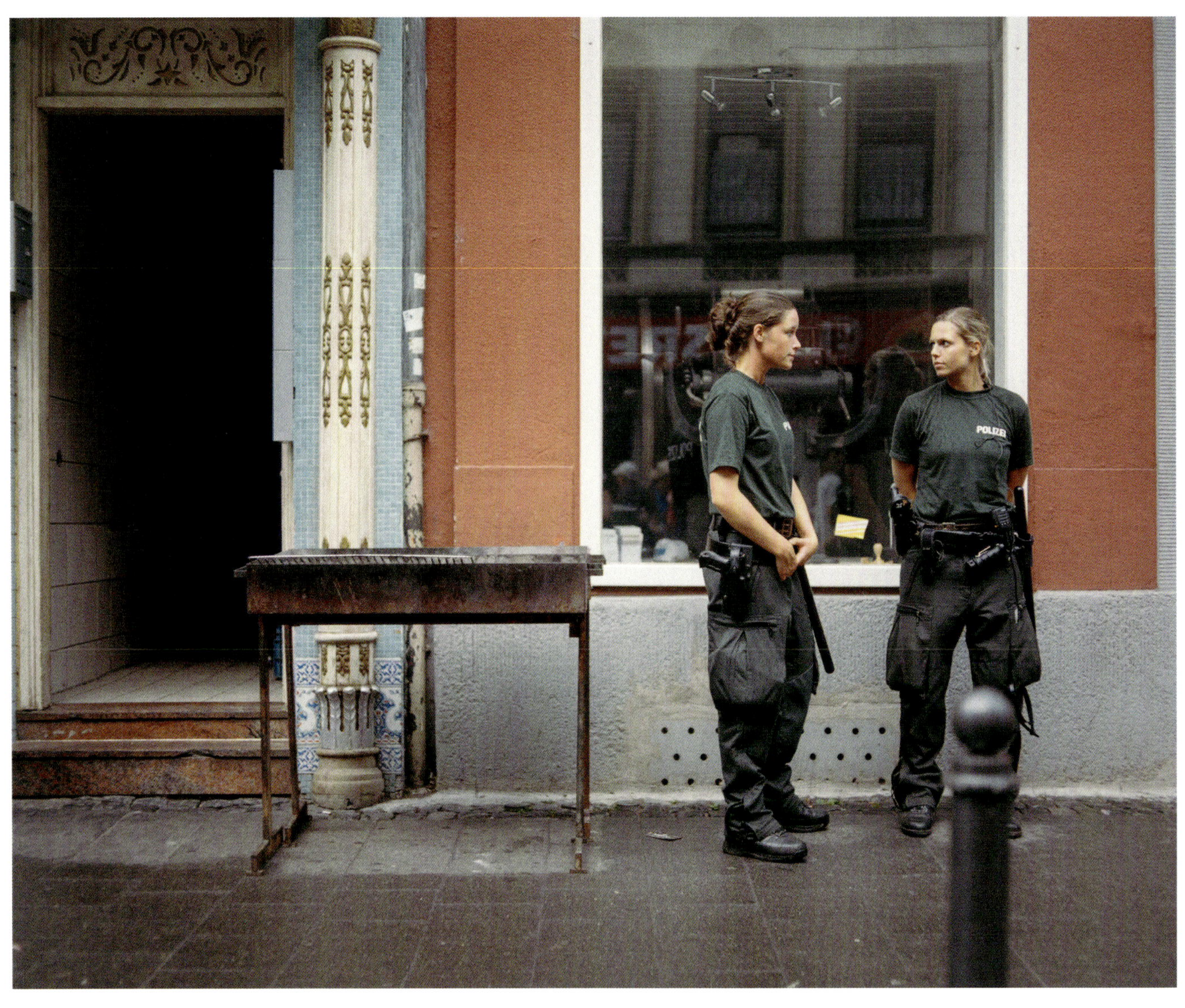
POLIZEI

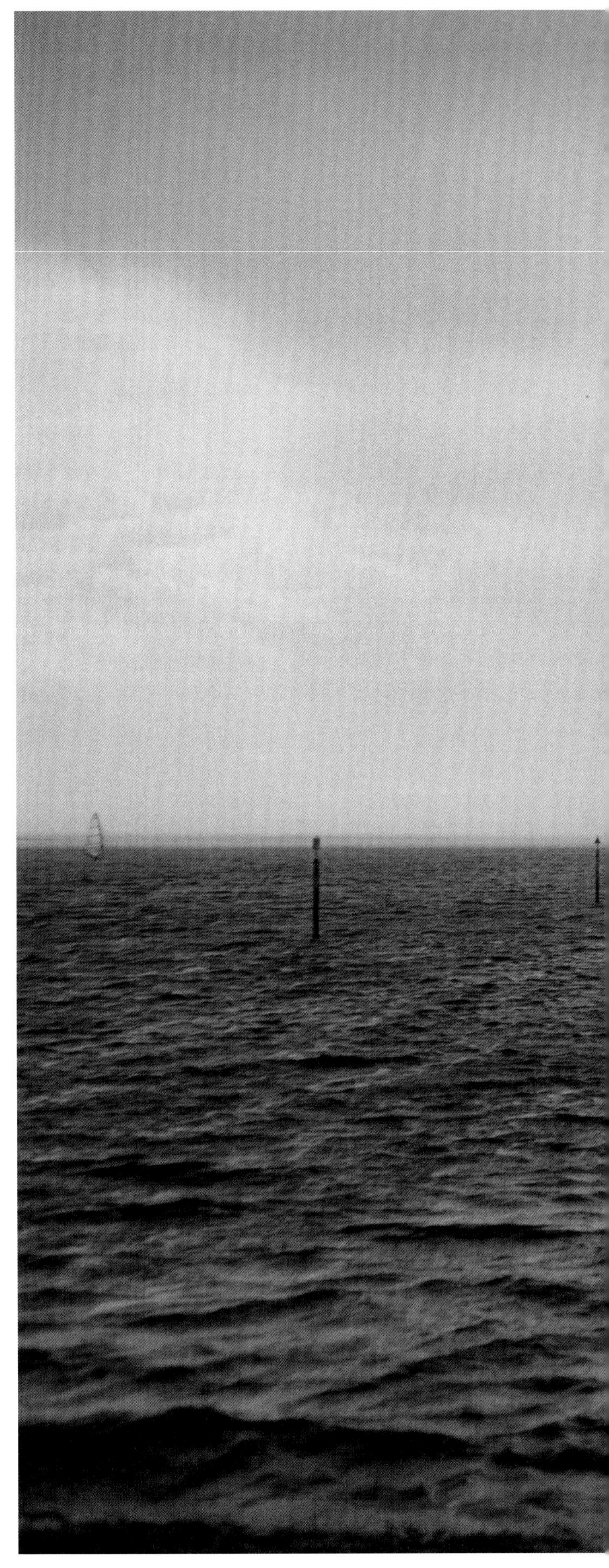

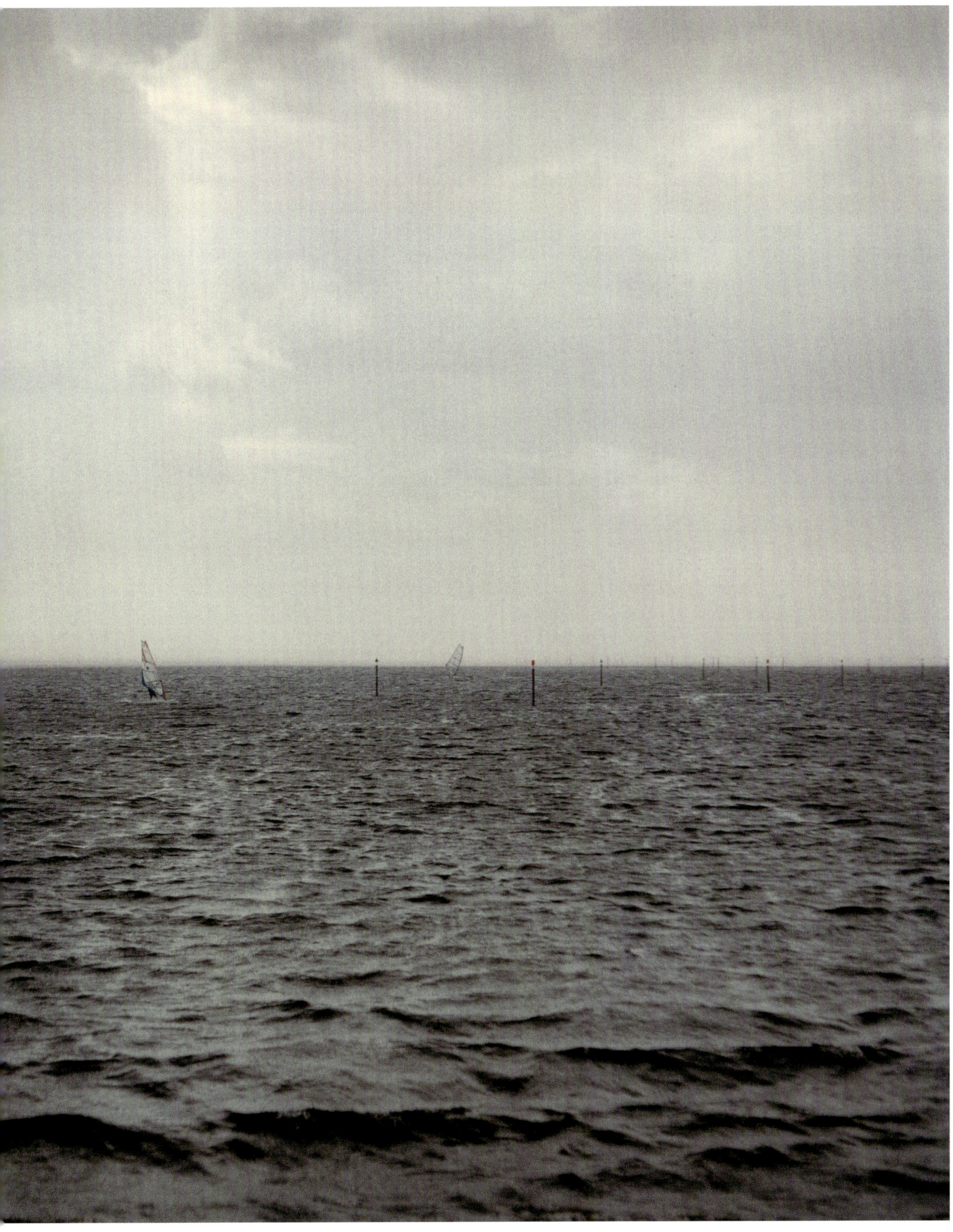

[...] M: "Gerry usually did the grilling; he was also quite a handyman. Ms Zschäpe administered the money; when eating out, she would pay. When they were supposed to bring us something, I would turn to her and give the money to her. Payments were always in cash. I saw she had a lot of cash in her wallet. At the beginning, we were told that the men pay into the holiday fund and that Liese managed it." [...]

G: "Behaviour?"

M: "Friendly – Gerry had taken time off. He went to sea in a boat. Zschäpe did get restless. Max went surfing – with my husband. Zschäpe also went to the beach to try surfing. When it got colder in the evenings, somebody would get a blanket for Ms Zschäpe." [...]

— **Witness Karin M. [Talking about Uwe, alias Gerry], Tim Aßmann, Holger Schmidt, Eckhart Querner, Gunnar Breske; NSU-Trial: Court transcript, 60th day of the trial, November 26, 2013; BR.de, 28.04.2014**

[...] M.: »Gegrillt hat meistens der Gerry, war auch handwerklich geschickt. Geld verwaltet hat Frau Zschäpe, waren mal essen, hat sie bezahlt. Wenn sie uns was mitbringen sollten, habe ich mich immer gleich an sie gewandt und ihr das Geld gegeben. Bezahlt immer bar. Habe gesehen, dass sie eine Menge Scheine im Portemonnaie hatte. Uns wurde ganz am Anfang erzählt, dass die Männer in die Urlaubskasse einzahlen und es die Liese verwalte.« [...]

G.: »Verhalten?«

M.: »Nett – Gerry hat sich Auszeit genommen. Mit Boot auf das Meer gefahren. Zschäpe wurde dann schon unruhig. Max zum Surfen – mit meinem Mann. Zschäpe auch mit am Strand zum Surfen, hatte das mal versucht. Wenn es abends kälter wurde, hat einer eine Decke für Frau Zschäpe geholt.« [...]

— **Zeugin Karin M. [Spricht über Uwe, alias Gerry], Tim Aßmann, Holger Schmidt, Eckhart Querner, Gunnar Breske; NSU-Prozess: Gerichtssaal-Protokoll, 60. Verhandlungstag, 26.11.2013; BR.de, 28.04.2014**

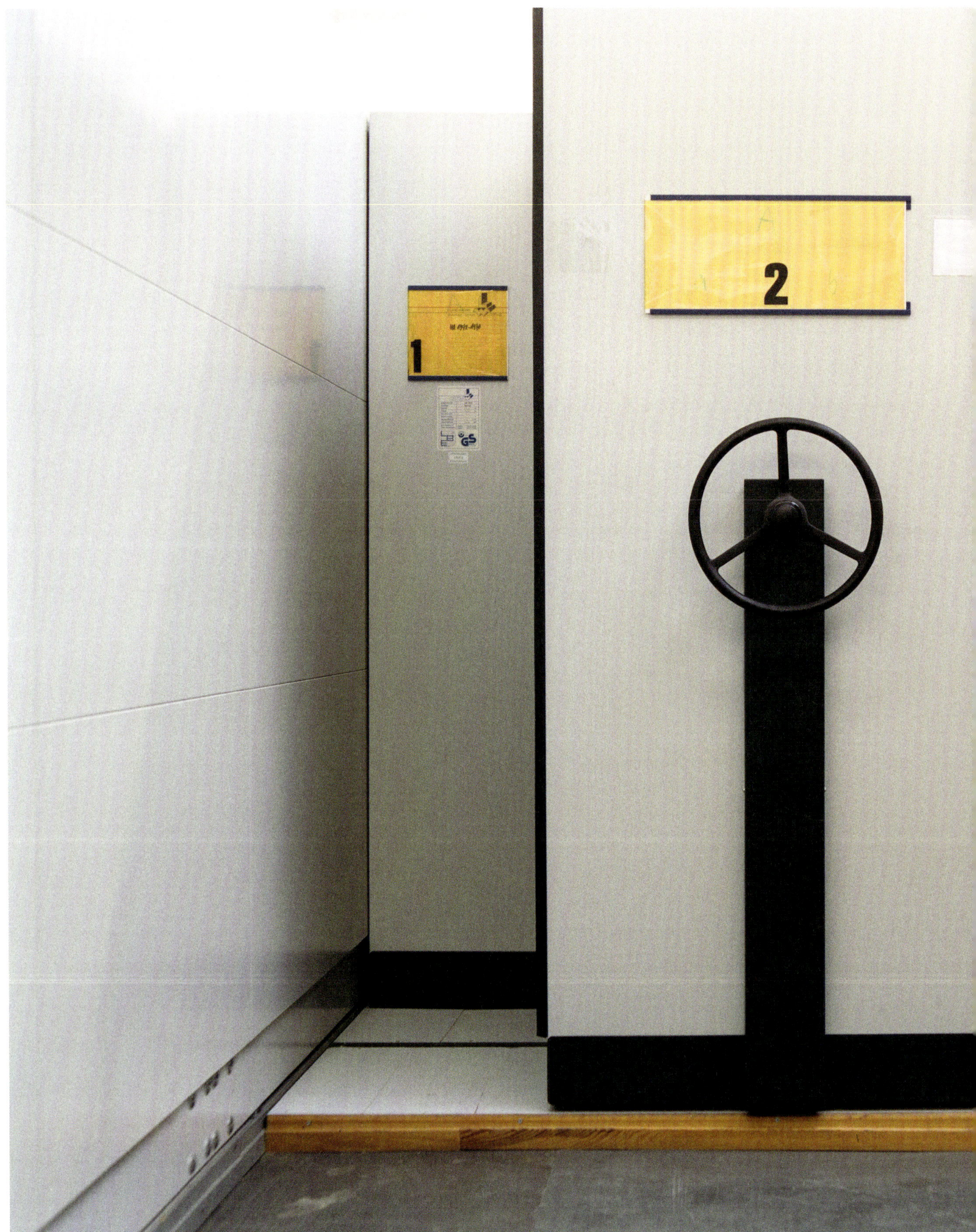
1
2

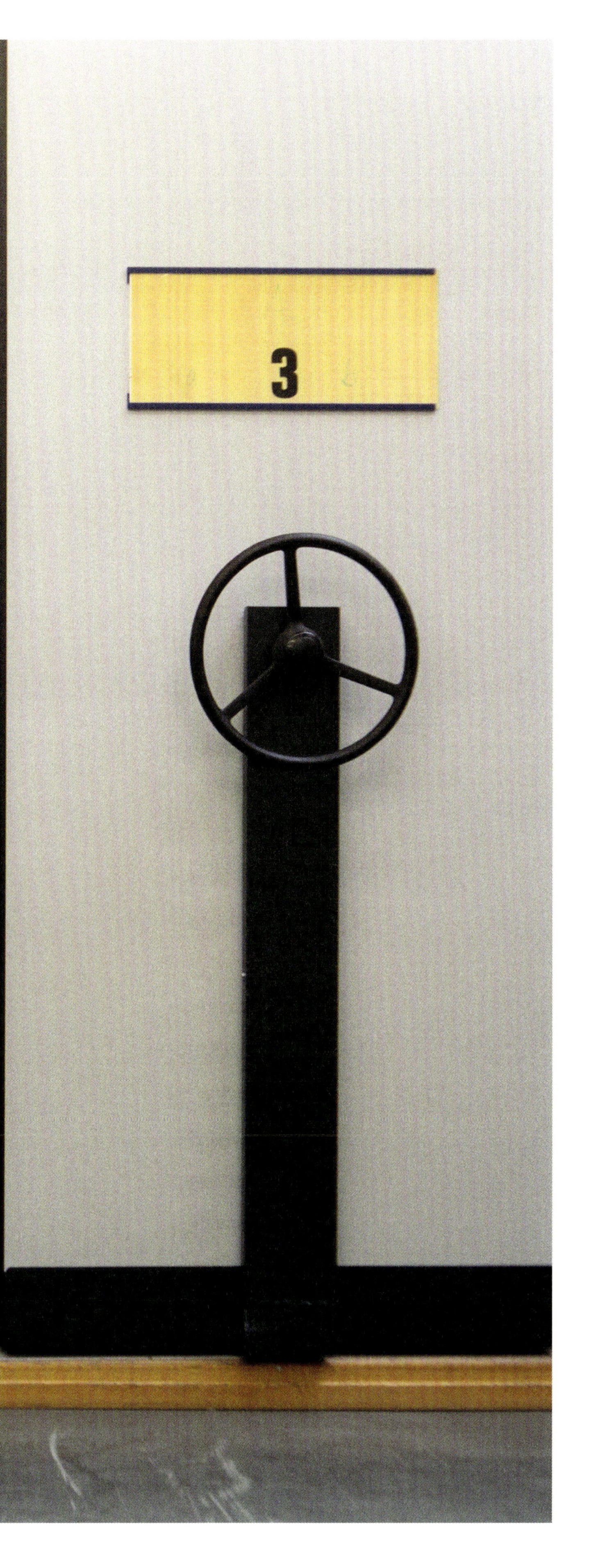
3

“Kebab murder”
Banks now open to investigation

With the first major, systematic investigation of German banks, the police hope to shed light on the mysterious murders of seven foreign, small-business owners in Germany. Bernhard Wankel, spokesman for the Department of Justice, reports that a request to investigate by the Nuremberg State Prosecutor was approved yesterday by the Examinning Magistrate. According to the Central Credit Committee (ZKA), it is the first time such a nationwide investigation has been granted full access to payment transaction data.

The Nuremberg State Prosecutor hopes to attain information on account activities that could shed light on seven unsolved murders carried out in Nuremberg, Munich, Hamburg and Rostock, between 2000 and 2005. Six of the victims were Turkish and one was Greek. The investigators have found no connection between these murders so far. They only know that the same weapon was used. Most recently, in June, a Turkish kebab store owner in Nuremberg and a Greek locksmith business owner in Munich were murdered. [...]

— **Ngoc Nguyen, *Nürnberger Zeitung*, August 31, 2005**

»Döner-Mord«
Nun wird bei Banken gefahndet

Mit der ersten groß angelegten Rasterfahndung bei Banken in Deutschland will die Polizei Licht in die mysteriöse Mordserie an sieben ausländischen Kleinunternehmern in Deutschland bringen.
Ein Ermittlungsrichter habe gestern einem entsprechenden Antrag der Nürnberger Staatsanwaltschaft zugestimmt, berichtete Justizsprecher Bernhard Wankel. Nach Angaben des Zentralen Kreditausschusses (ZKA) ist es das erste Mal, dass mit einer bundesweiten Fahndung auf die Zahlungsverkehrsdaten zugegriffen werden soll.
Die Staatsanwaltschaft Nürnberg erhofft sich von Informationen über Kontobewegungen die Aufklärung der sieben Morde, die zwischen 2000 und 2005 in Nürnberg, München, Hamburg und Rostock begangen worden waren (wir berichteten). Opfer waren sechs Türken und ein Grieche. Die Ermittler fanden noch keine Verbindung zwischen den Taten. Sie wissen nur, dass immer dieselbe Waffe verwendet wurde. Zuletzt wurden im Juni ein türkischer Dönerstandbesitzer in Nürnberg und ein griechischer Betreiber eines Schlüsseldienstladens in München getötet. [...]

— **Ngoc Nguyen,** ***Nürnberger Zeitung,*** **31.08.2005**

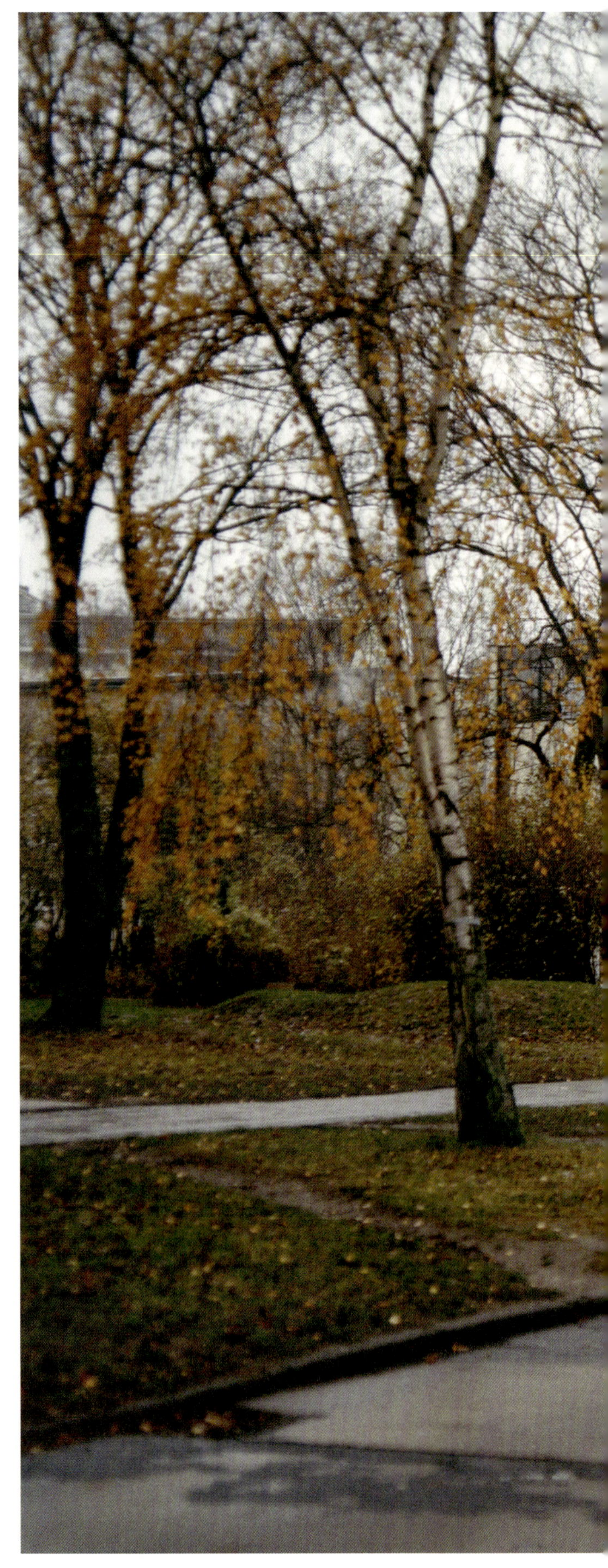

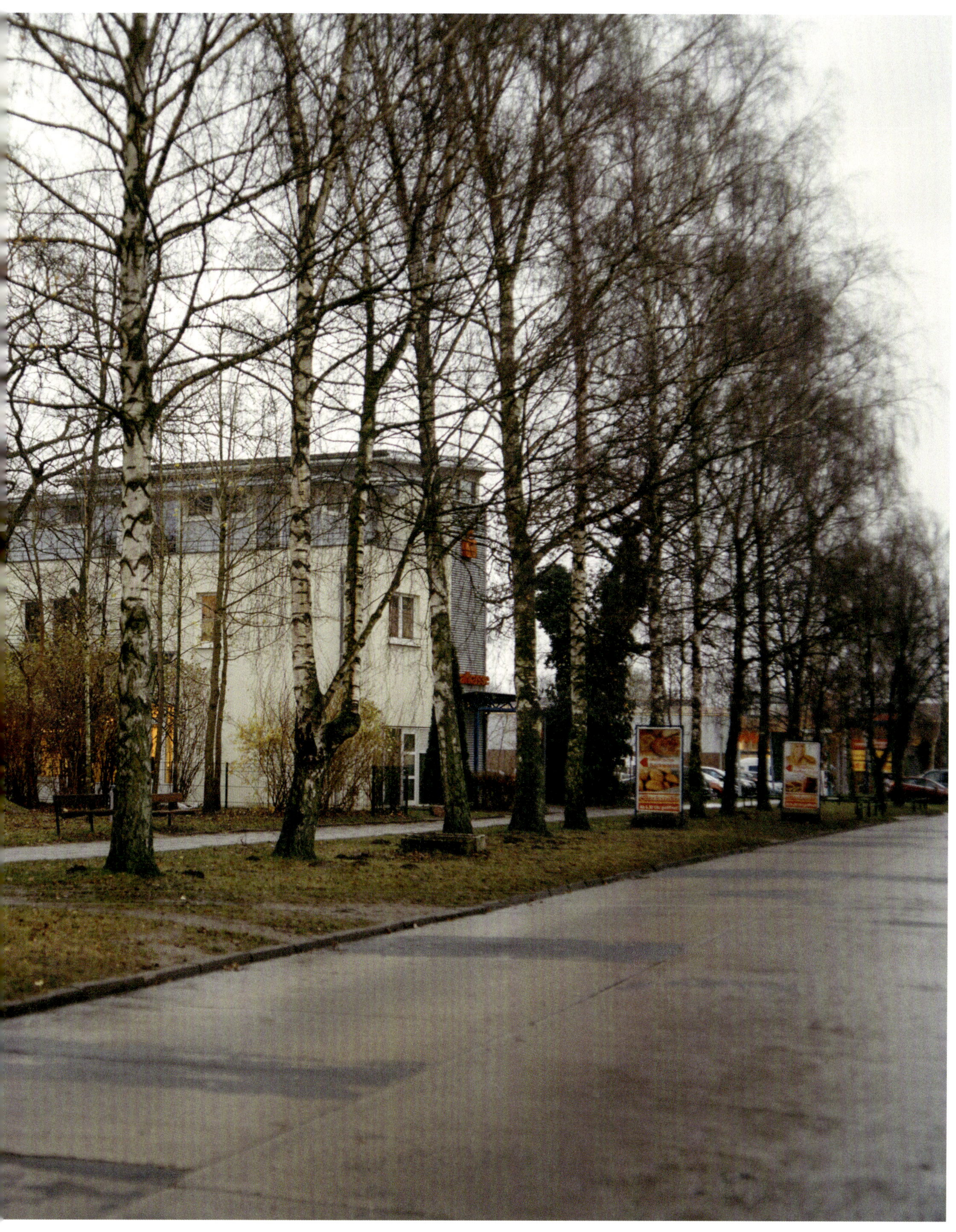

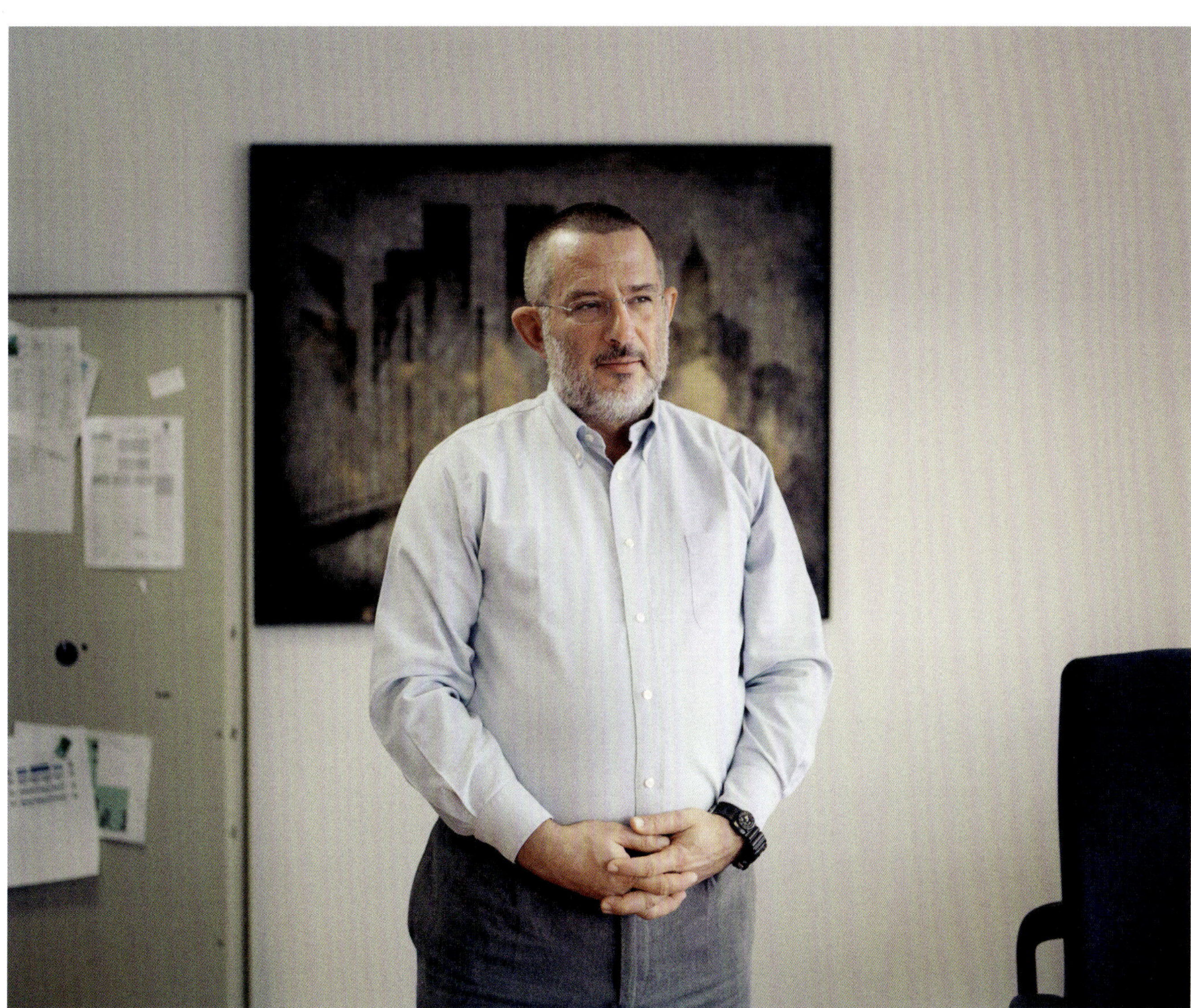

§ 12
(4)

No crimes are allowed to be committed during the use of confidants, other secret informants or source persons. When confidential people commit to being involved, and according to the Law of Obligation of March 2, 1974 (BGBl. I S. 469, 547) they should be informed, also in writing, and in the applicable version, that they are not immune to prosecution.

— **Thuringian Law for the Protection of the Constitution of August 8, 2014**

§ 12
(4)

Beim Einsatz von Vertrauensleuten, sonstigen geheimen Informanten und Gewährspersonen dürfen keine Straftaten begangen werden. Bei der Verpflichtung von Vertrauensleuten nach dem Verpflichtungsgesetz vom 2. März 1974 (BGBl. I S. 469, 547) in der jeweils geltenden Fassung sind diese auch schriftlich darüber zu belehren, dass ihnen keine Straffreiheit gewährt wird.

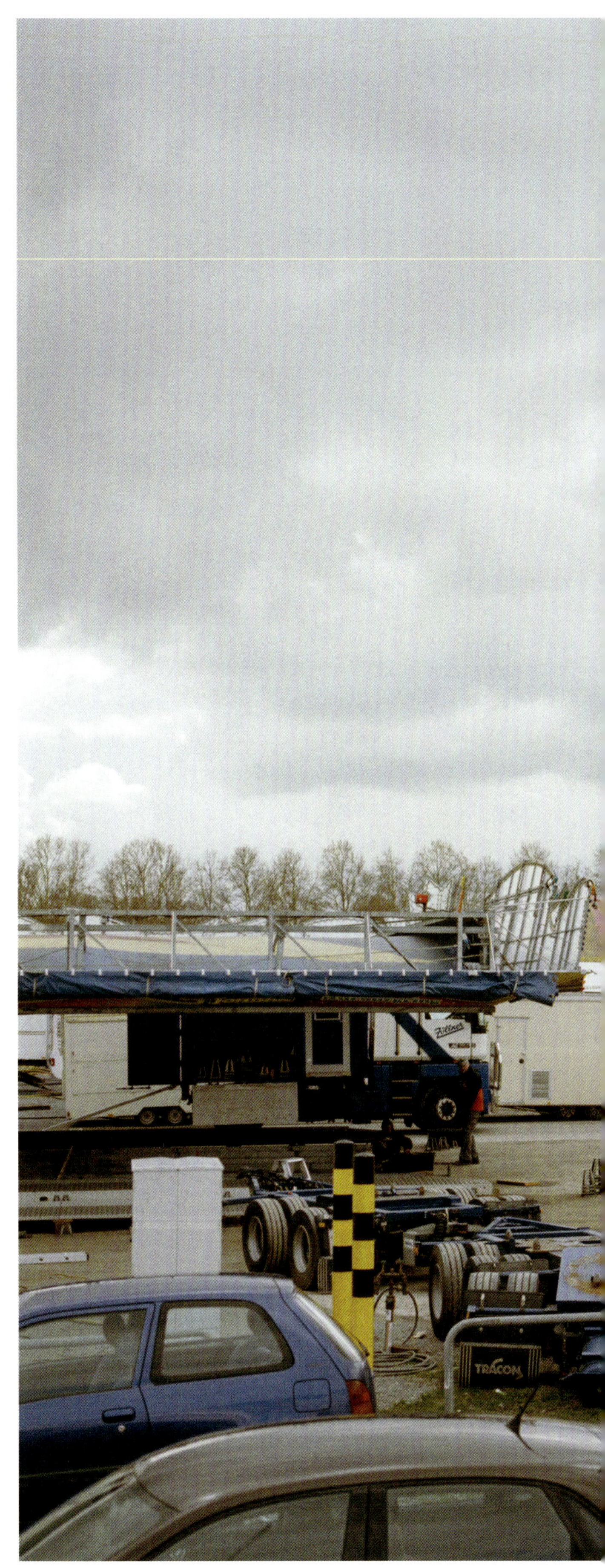
TRACON

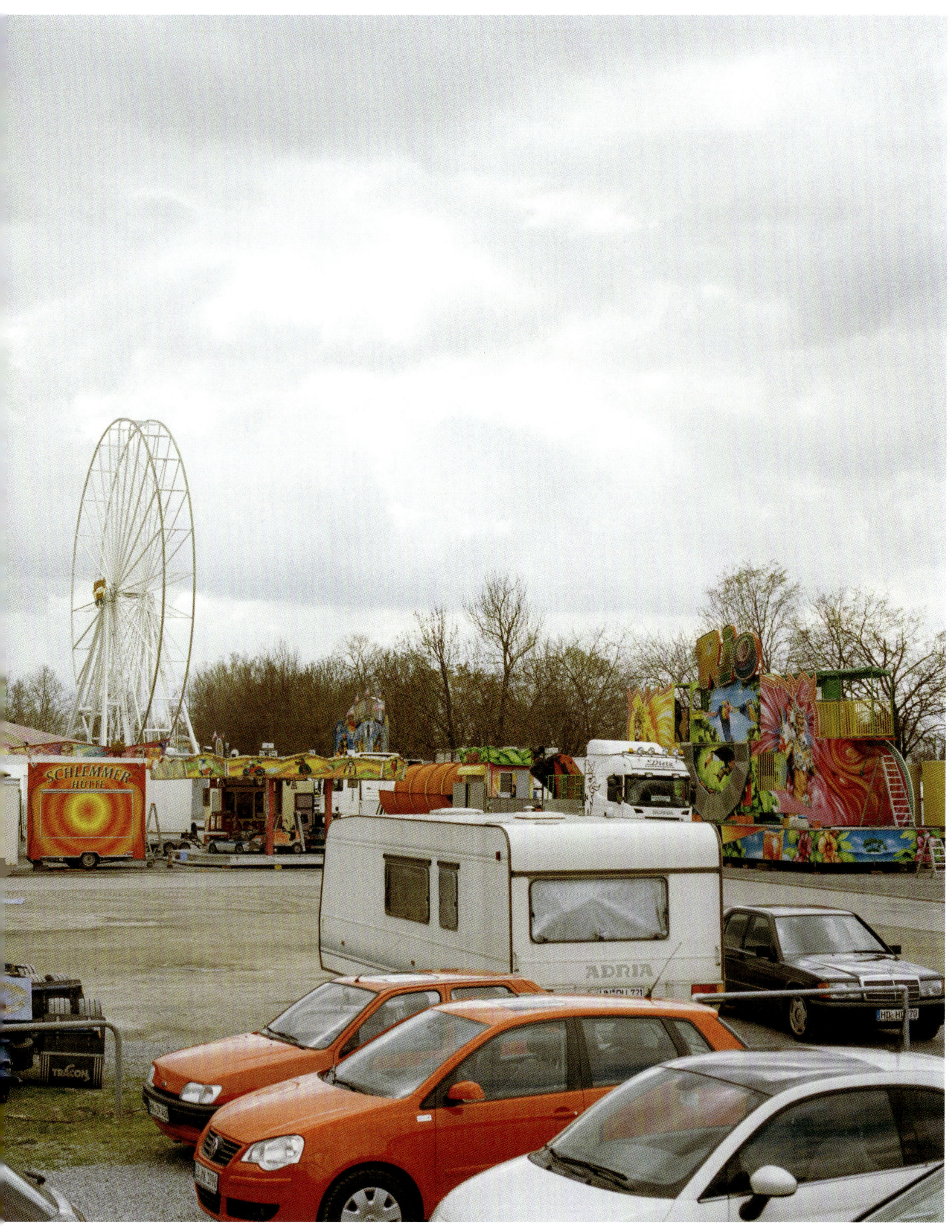
SCHLEMMER
HÜTTE
Rio
ADRIA
TRACON

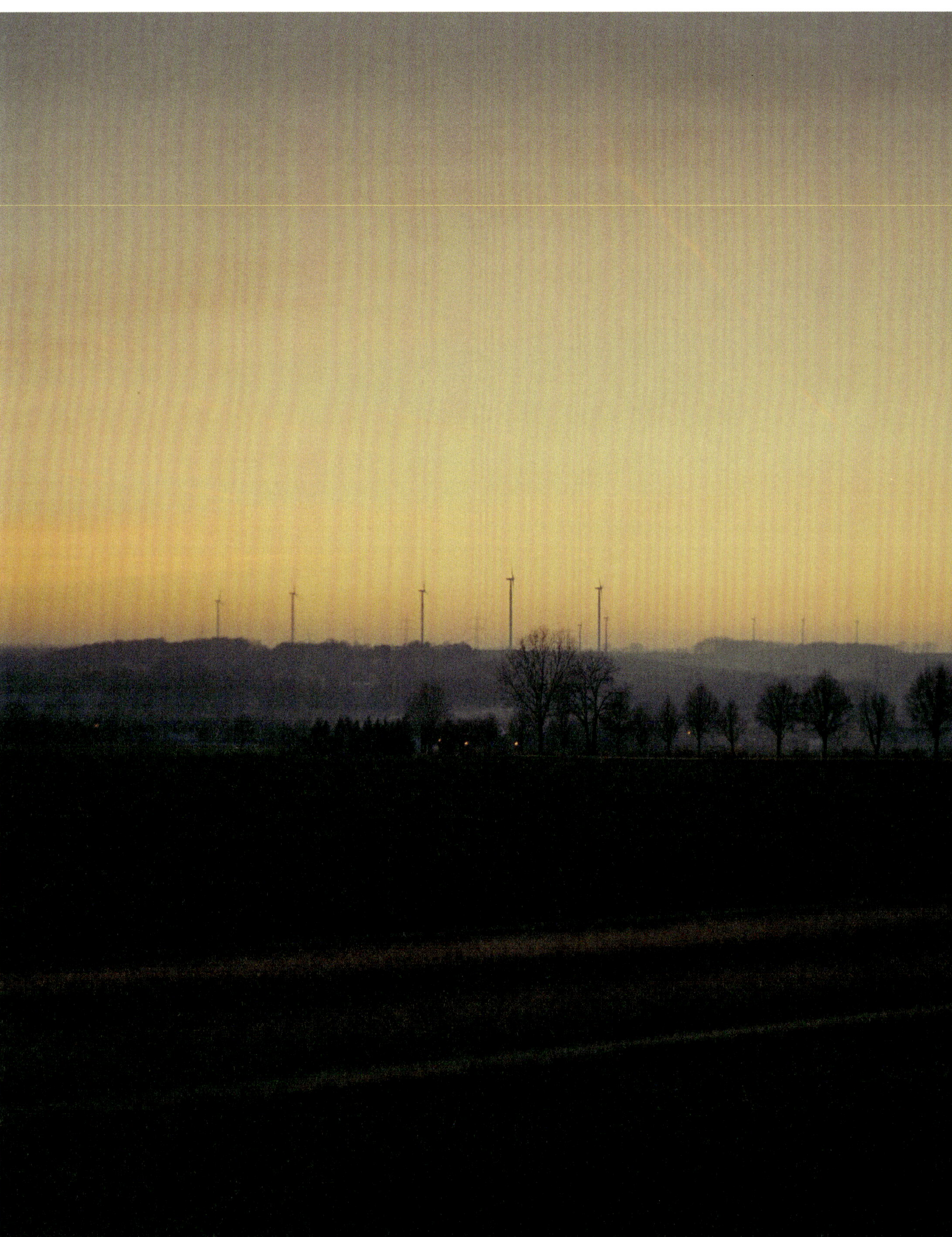

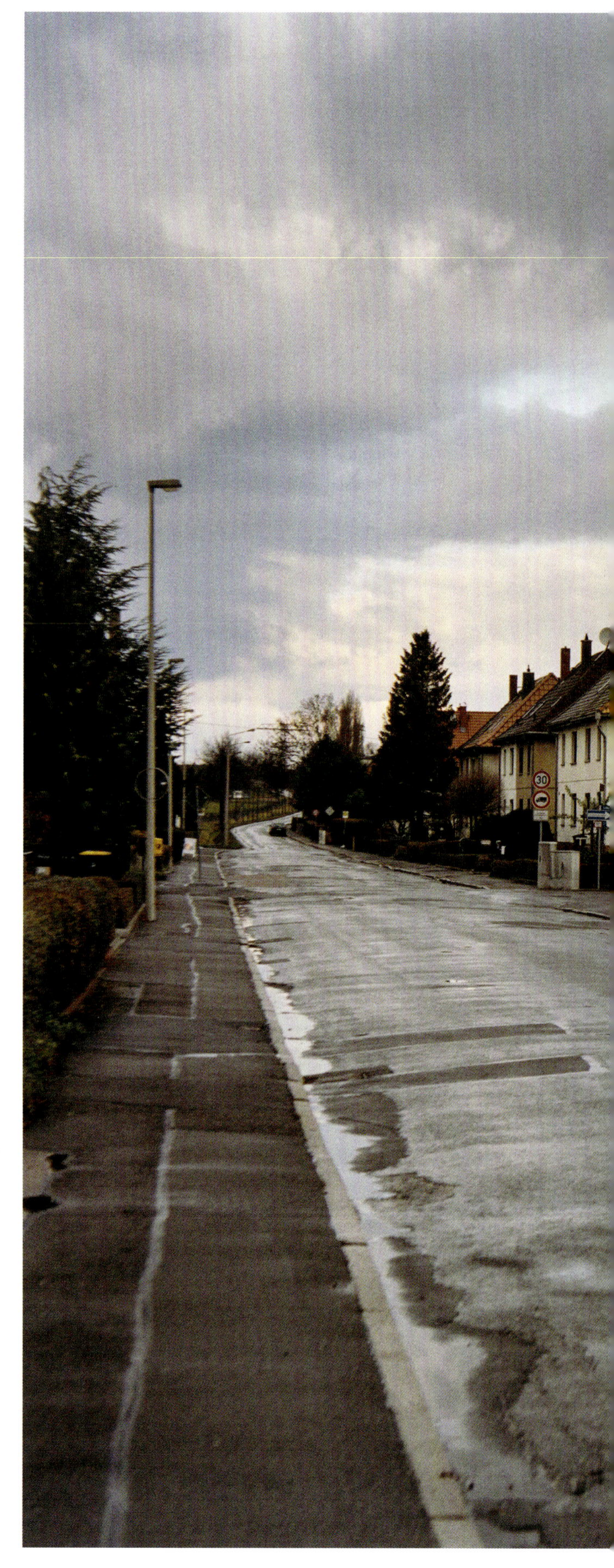
30

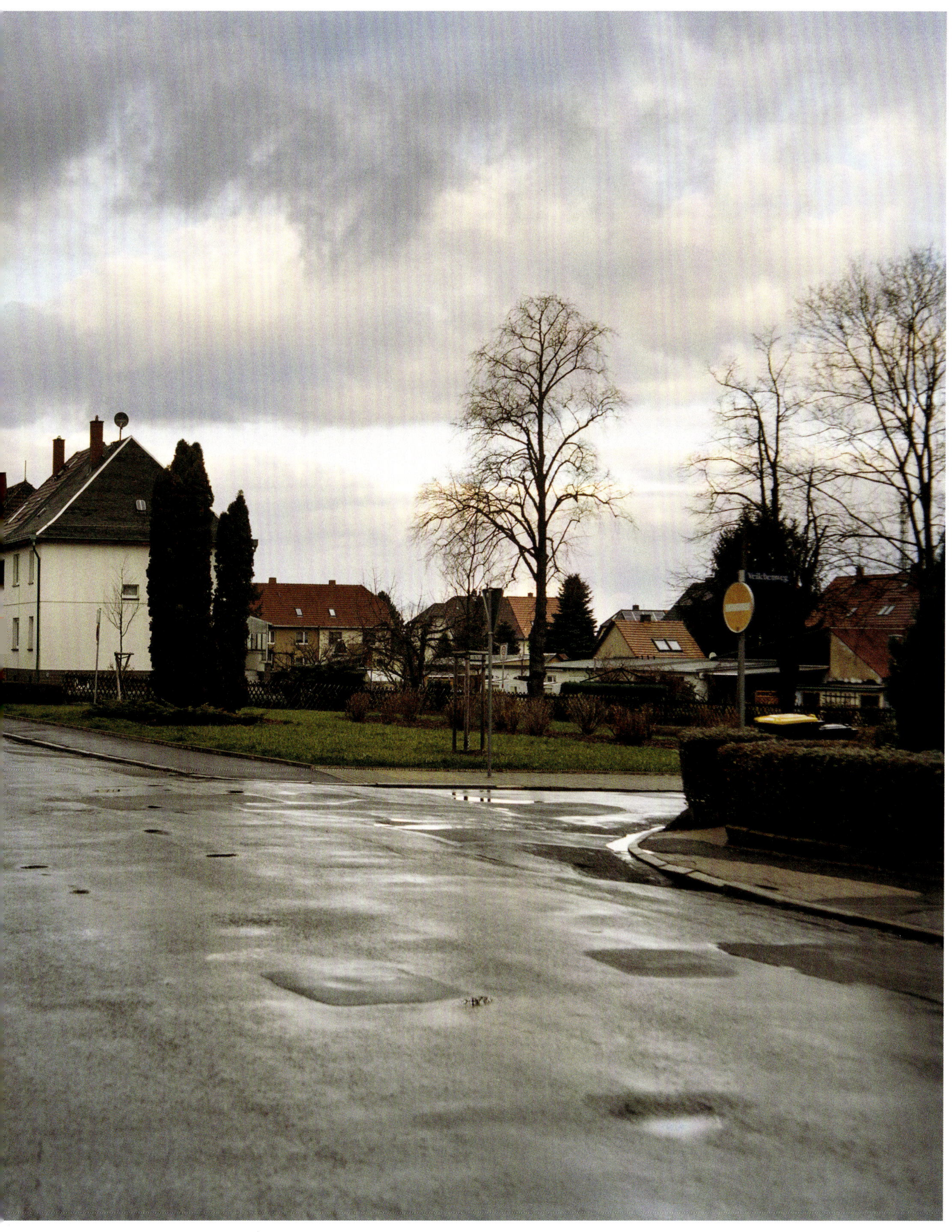

SONNTAG: "As it neared the end, before the house was blown up, she seemed very tense, she seemed very stressed, drinking more than usual. The last time I saw her was about 14 days before the house blew up."
GÖTZL: "Drinking more than usual – what do you mean by that?"
SONNTAG: "It stayed within limits, she had to ride the bicycle home, after all. But she was mixing spirits in her drinks. She seemed very stressed."
GÖTZL: "Did she have problems walking or speaking?"
SONNTAG: "She had a bit of a hard time getting on her bike."
GÖTZL: "In your police interrogation, you spoke about some sort of argument between Lisa and Ms Kuhn. Lisa had been lecturing her and would not calm down."
SONNTAG: "Yes, she was so aggressive, unlike the Lisa I knew. She really got on Ms Kuhn's case. I thought she might physically attack her, but that didn't happen."
STAHL: "What was the argument about?"
SONNTAG: "Well, all manner of things were purchased as soon as Ms Kuhn had some money in her hands."
STAHL: "And why was Lisa interested in that?"
SONNTAG: "Ms Kuhn often borrowed money from people, Lisa was not the only one. This time it was about getting something for a party again, and Ms Kuhn said that she had no money for it. She wanted to get money off someone. But Lisa had had enough of her always asking for money."

— **Day 186 of the trial, February 24, 2015. Manfred Götzl, Judge. Gabriele Sonntag, 46, care worker for the elderly, from Zwickau [Talking about her neighbour Beate Zschäpe, alias Lisa]. Wolfgang Stahl, 43, Defence for Beate Zschäpe. From: "Der NSU-Prozess. Das Protokoll des dritten Jahres" ('The NSU Trial: Transcripts of the third year'), *Süddeutsche Zeitung Magazin,* 1/2016**

SONNTAG: »Als es dem Ende zuging und das Haus in die Luft gesprengt wurde, da wirkte sie sehr angespannt, sie wirkte sehr unter Stress, hat auch mehr getrunken als sonst. Das letzte Mal hab ich sie gesehen so zirka 14 Tage, bevor das Haus in die Luft flog.«
GÖTZL: »Mehr getrunken als sonst – was meinen Sie damit?«
SONNTAG: »Es blieb meist im Rahmen, sie musste ja auch mit dem Rad nach Hause fahren. Aber da hat sie Mischungen gemacht mit härteren Alkoholsachen. Sie wirkte sehr gestresst.«
GÖTZL: »Hatte sie dann Probleme mit dem Gehen oder Sprechen?«
SONNTAG: »Sie kam etwas schwer aufs Fahrrad.«
GÖTZL: »Sie haben in der polizeilichen Vernehmung von einem Streitgespräch zwischen Lisa und Frau Kuhn berichtet. Lisa habe ihr eine Standpauke gehalten und sich gar nicht beruhigen können.«
SONNTAG: »Ja, da war sie so aggressiv, so kannte ich die Lisa nicht. Sie ist der Frau Kuhn sehr auf die Pelle gerückt. Ich dachte, sie haut ihr eine. Das ist dann aber nicht passiert.«
STAHL: »Worum ging es denn in dem Streit?«
SONNTAG: »Na ja, wenn Frau Kuhn Geld in der Hand hatte, wurde alles Mögliche gekauft.«
STAHL: »Weshalb hat sich Lisa dafür interessiert?«
SONNTAG: »Frau Kuhn hat oft Leute angepumpt, Lisa war nicht die Einzigste. Auch dieses Mal ging es darum, dass was gekauft werden sollte für eine Feier. Und Frau Kuhn hat gesagt, dass sie kein Geld dafür hat. Sie wollte wieder von jemand Geld haben. Aber Lisa hat die Nase voll gehabt, dass sie andere immer um Geld angepumpt hat.«

— **Verhandlungstag 186, 24. Februar 2015, Manfred Götzl, Richter. Gabriele Sonntag, 46, Altenpflegerin aus Zwickau [Spricht über ihre Nachbarin Beate Zschäpe, alias Lisa]. Wolfgang Stahl, 43, Verteidiger von Beate Zschäpe. Aus: »Der NSU-Prozess. Das Protokoll des dritten Jahres«, *Süddeutsche Zeitung Magazin*, 1/2016**

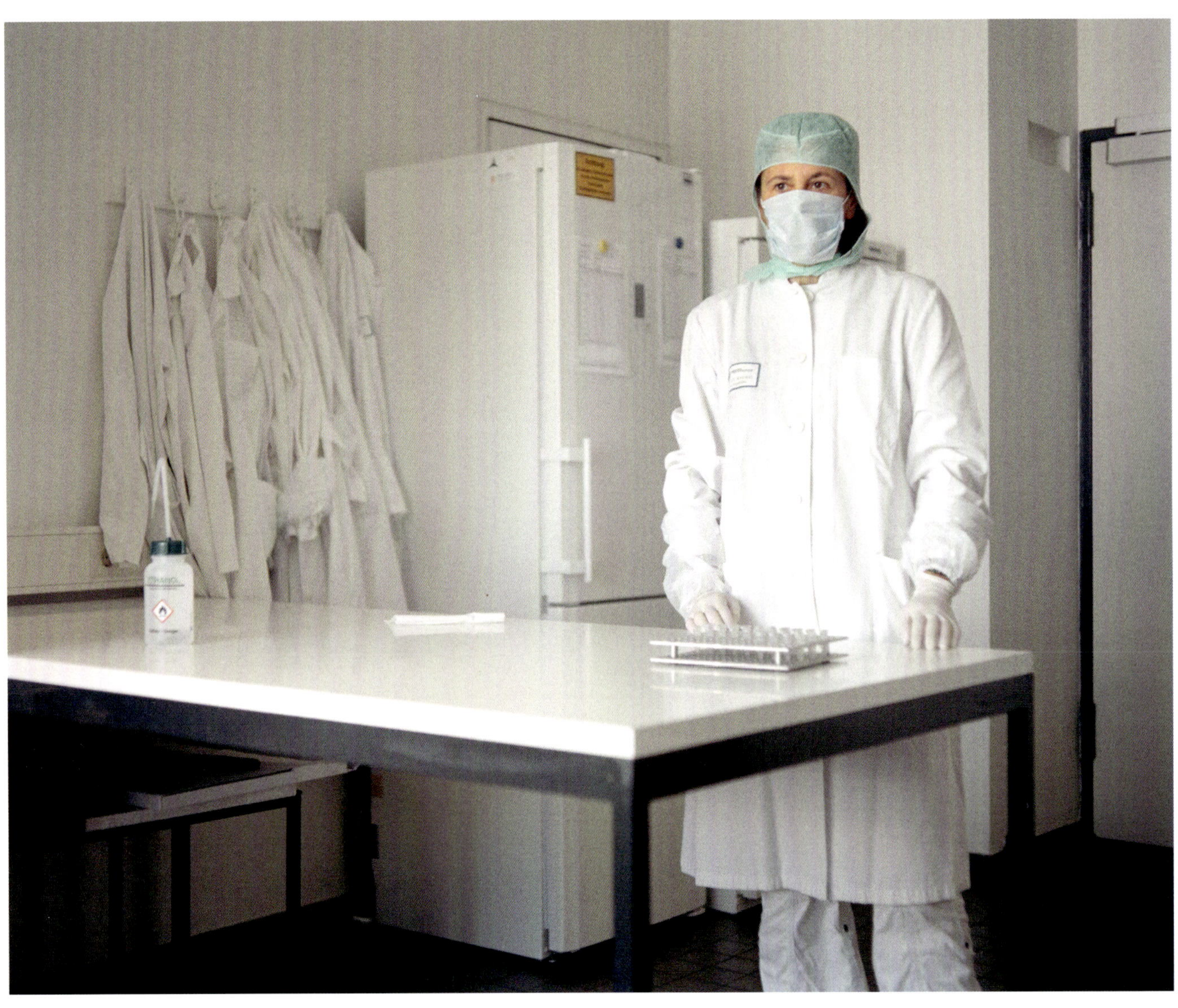

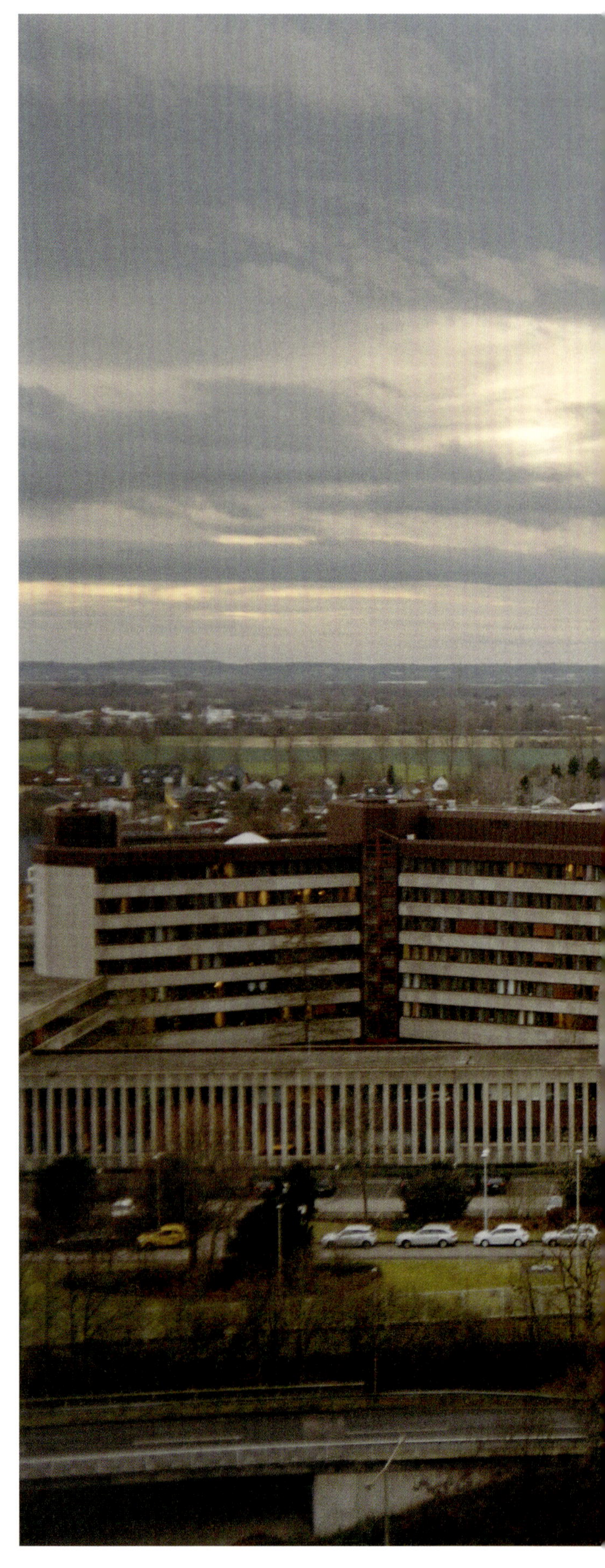

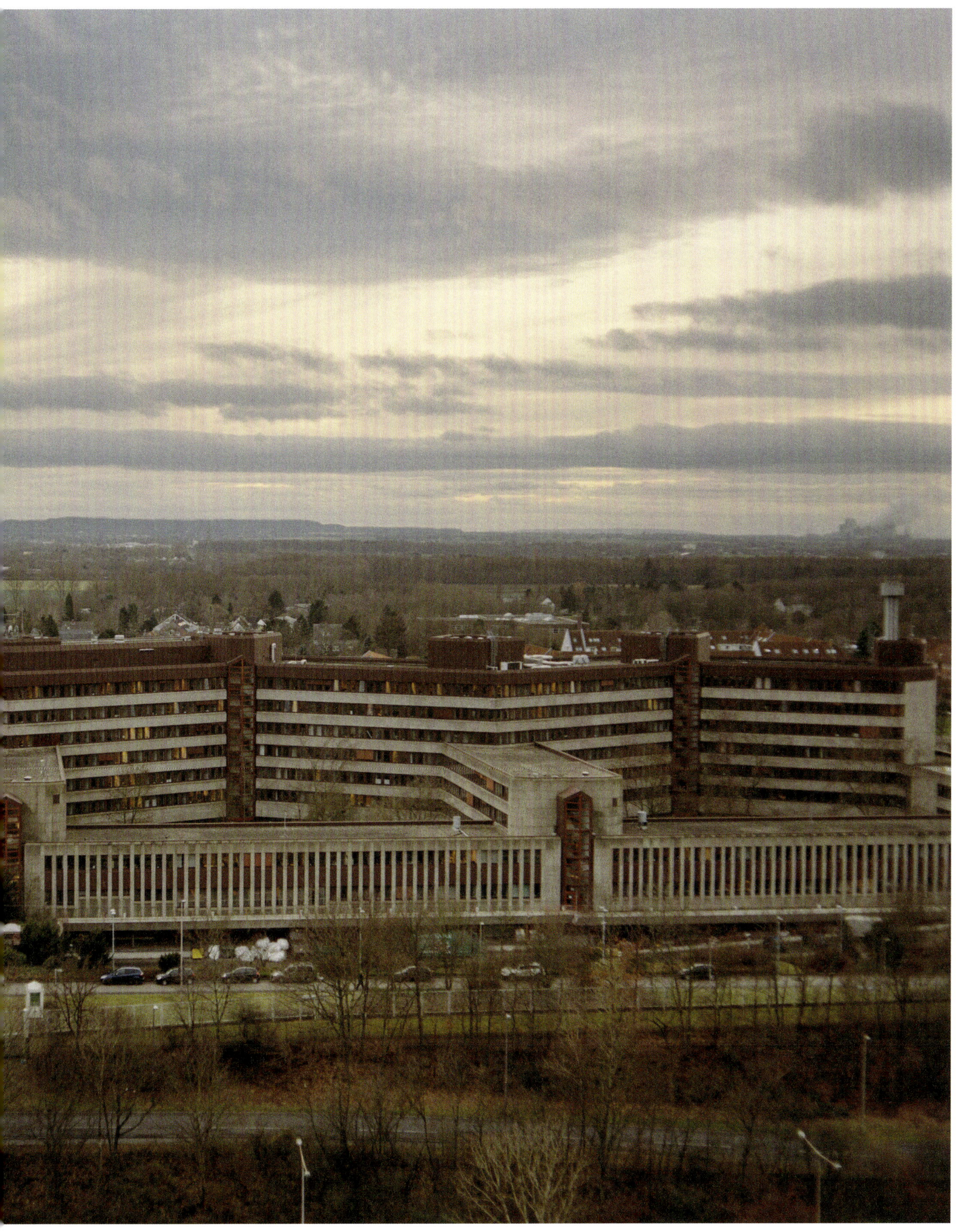

§ 13
(3)

A file is to be destroyed when, on the whole, it is no longer needed to complete the task of the Federal Office for the Protection of the Constitution. The necessity is to be revised, in each individual case and according to the established deadlines, after five years at the latest. For the destruction of a file pertaining to an individual, in the context of section 10, paragraph 1, number 1, [in German Law], section 12, paragraph 3, clause 2, is applied. A destruction should not take place if there is reason to believe that the deletion of the information impairs the protection of the interests of the affected person. In such cases, the file is to be closed with an appropriate comment attached. It may only be used for the purposes it has been closed for, or if it is paramount in preventing serious peril. Destruction of the file should not take place if it is to be offered for filing and then filed in the German Federal Archives, according to German archival laws.

— **German Bundestag, Printout 18/4654, 18th voting period, April 20, 2015**

§ 13
(3)

Eine Akte ist zu vernichten, wenn sie insgesamt zur Erfüllung der Aufgaben des Bundesamtes für Verfassungsschutz nicht oder nicht mehr erforderlich ist. Die Erforderlichkeit ist bei der Einzelfallbearbeitung und nach festgesetzten Fristen, spätestens nach fünf Jahren, zu prüfen. Für die Vernichtung einer Akte, die zu einer Person im Sinne des § 10 Absatz 1, Nummer 1 geführt wird, gilt § 12 Absatz 3, Satz 2 entsprechend. Eine Vernichtung unterbleibt, wenn Grund zu der Annahme besteht, dass durch sie schutzwürdige Interessen des Betroffenen beeinträchtigt würden. In diesem Fall ist die Akte zu sperren und mit einem entsprechenden Vermerk zu versehen. Sie darf nur für den Zweck verwendet werden, für den sie gesperrt worden ist oder wenn es zur Abwehr einer erheblichen Gefahr unerlässlich ist. Eine Vernichtung der Akte erfolgt nicht, wenn sie nach den Vorschriften des Bundesarchivgesetzes dem Bundesarchiv zur Übernahme anzubieten und zu übergeben ist.

— **Deutscher Bundestag, Drucksache 18/4654, 18. Wahlperiode, 20.04.2015**

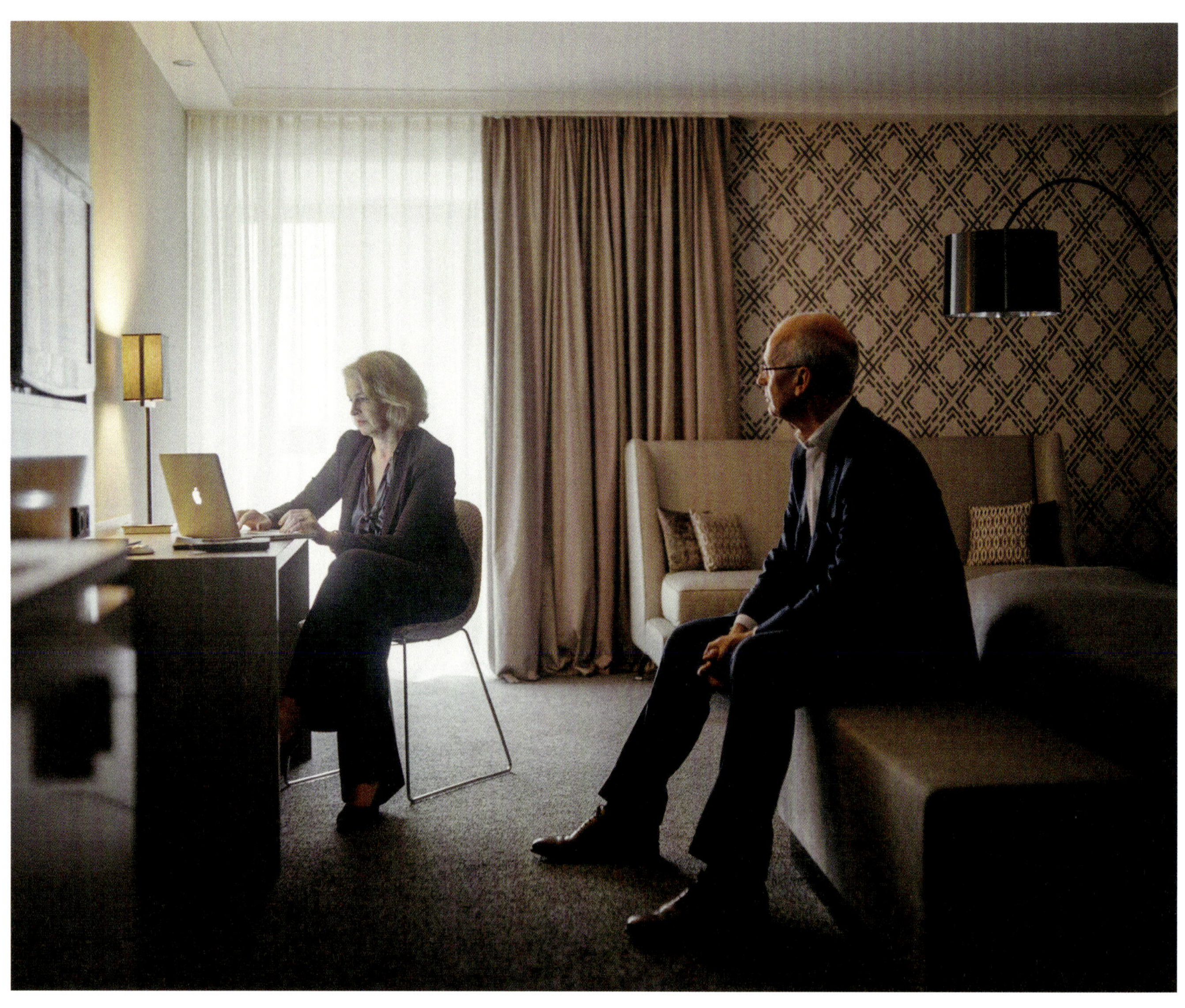

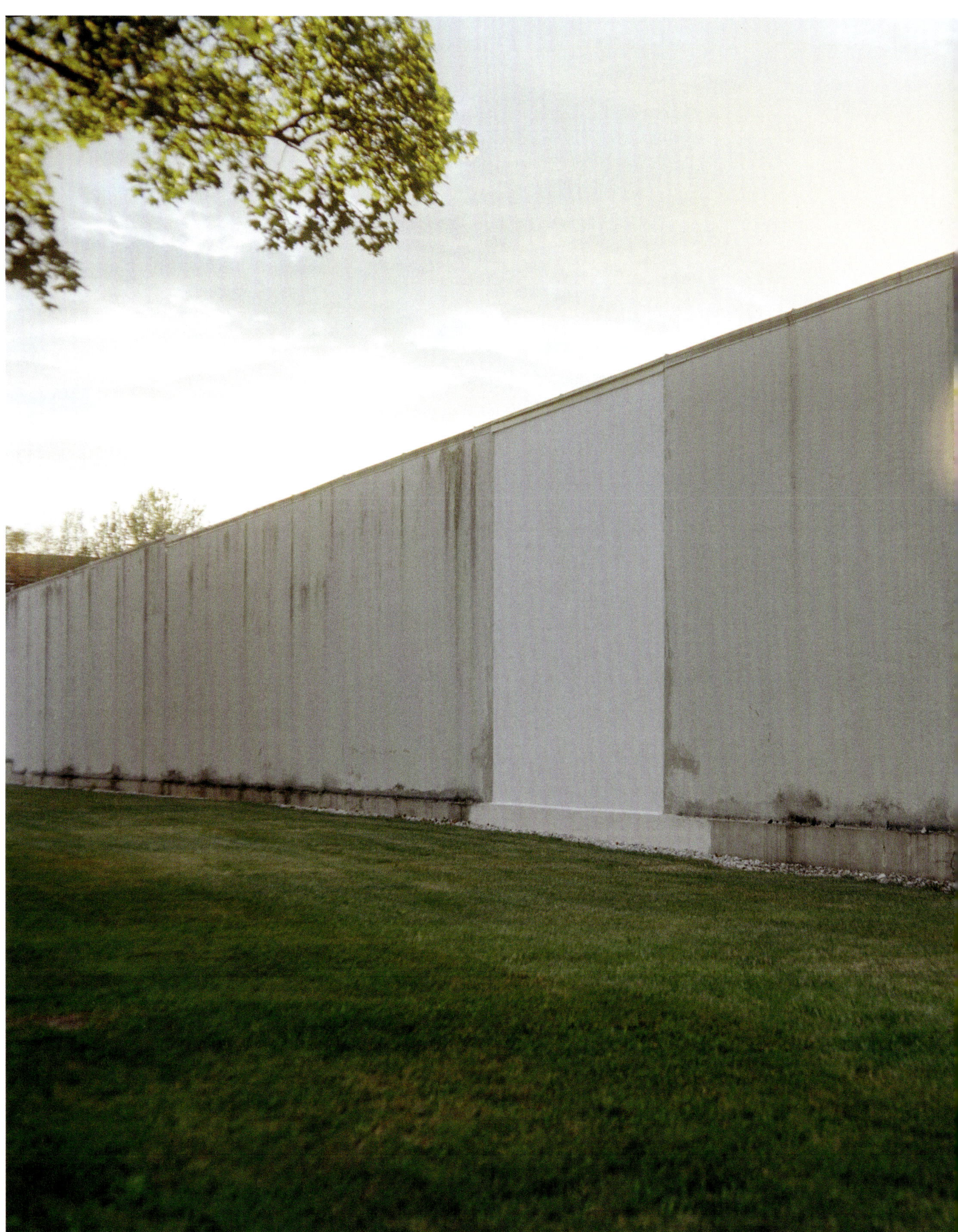

1. The defendant Wohlleben's application for annulment is rejected.
2. The defendant Wohlleben's application for non-enforcement of the arrest warrant is rejected.
3. The defendant Wohlleben's application for the conclusion that the continuation of pre-trial detention is disproportionate is rejected.
4. Provisional custodial remand must proceed.

[...] According to the warrant of arrest, in its amended form, and the corresponding indictment, the defendant Wohlleben is accused of active complicity in nine cases of murder for base motives, at an unspecified time, near the end of 1999 or the beginning of the year 2000, but certainly before September 9, 2000, in Jena, Germany. The defendant Carsten Schultze is suspected of having bought the murder weapon, a Ceska 83 pistol, calibre 7.65 mm, together with a silencer and ammunition, from the witness Andreas Schultz, for the sum of 2 500 DM, and then passing it on, in Chemnitz, to Uwe Böhnhardt and Uwe Mundlos, who both died on November 4, 2011. The defendant Carsten Schultze is said to have received the order to acquire a lethal weapon from the defendant Wohlleben, who also supplied the money for the purchase.

— **Resolution from July 25, 2014, of the 6th Criminal Division of the Higher Regional Court of Munich on the application for annulment of the arrest warrant, including a provisional non-custodial augmentation, against the defendant Wohlleben et al – file number: 6 pcs 3/12 (10)**

1. Der Antrag des Angeklagten Wohlleben auf Aufhebung wird abgelehnt.
2. Der Antrag des Angeklagten Wohlleben auf Außervollzugsetzung des Haftbefehls wird abgelehnt.
3. Der Antrag des Angeklagten Wohlleben festzustellen, dass die Fortdauer der Untersuchungshaft unverhältnismäßig ist, wird abgelehnt.
4. Die Untersuchungshaft hat fortzudauern.

[...] Der Haftbefehl in seiner abgeänderten Fassung und die Anklageschrift legen dem Angeklagten Wohlleben zur Last, zu einem nicht näher bekannten Zeitpunkt Ende des Jahres 1999 oder Anfang des Jahres 2000, jedenfalls vor dem 9. September 2000, in Jena durch eine Handlung einem anderen Hilfe geleistet zu haben, in neun Fällen einen Menschen aus niedrigen Beweggründen zu töten. Die Tatwaffe, eine Pistole Ceska 83, Kaliber 7,65 mm, nebst Schalldämpfer und Munition, soll der Angeklagte Carsten Schultze von dem Zeugen Andreas Schultz für 2 500 DM erworben und in Chemnitz an die am 4. November 2011 verstorbenen Uwe Böhnhardt und Uwe Mundlos weitergegeben haben. Der Angeklagte Carsten Schultze soll den Auftrag zum Erwerb einer scharfen Waffe und das Geld hierzu von dem Angeklagten Wohlleben erhalten haben.

— **Beschluss vom 25. Juni 2014 des 6. Strafsenat des Oberlandesgericht München zum Antrag auf Aufhebung, hilfsweise auf Außervollzugsetzung, des Haftbefehls gegen den Angeklagten Wohlleben u.a. Aktenzeichen: 6 St 3/12 (10)**

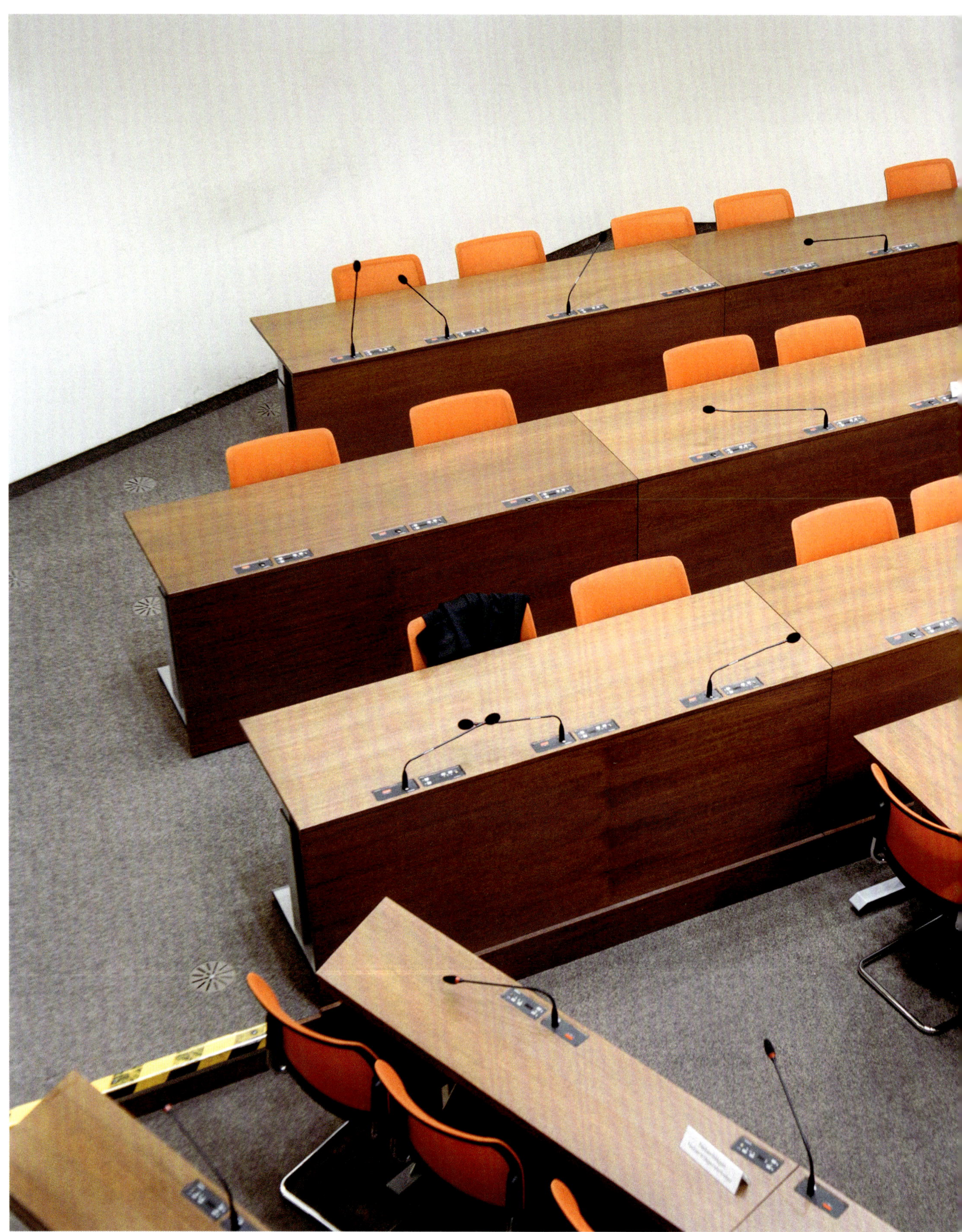

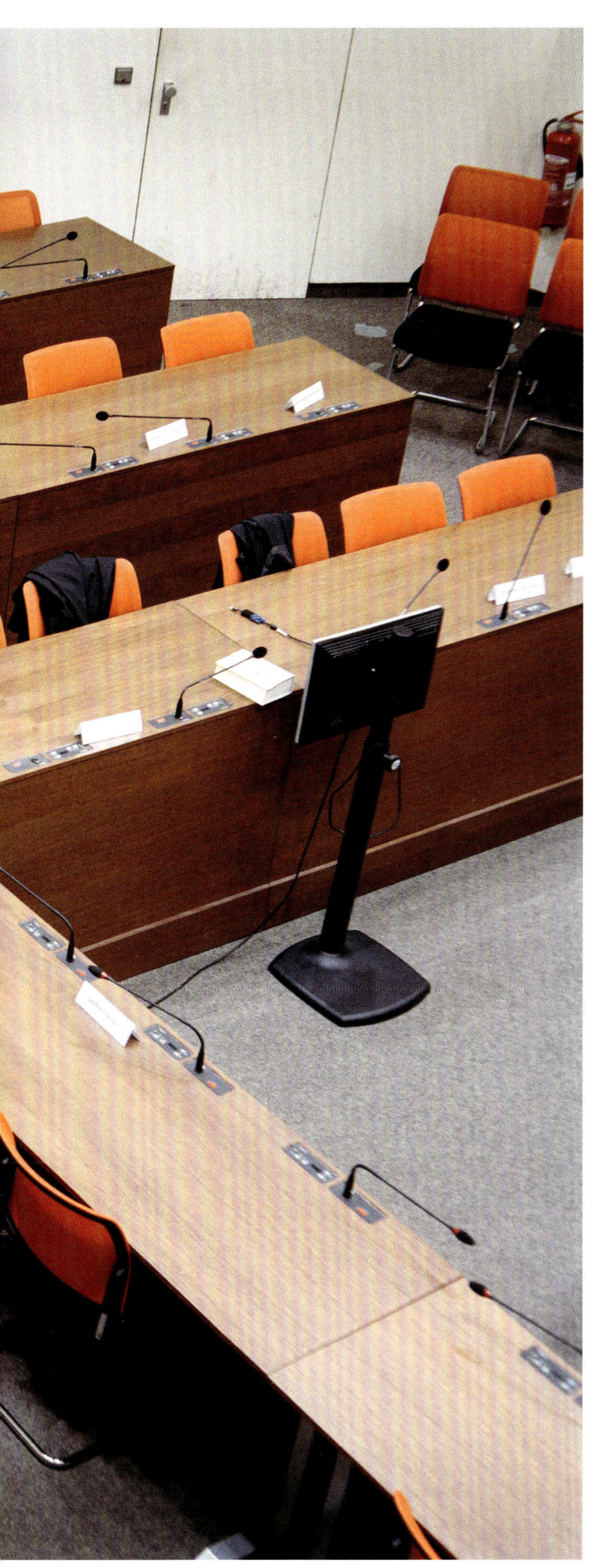

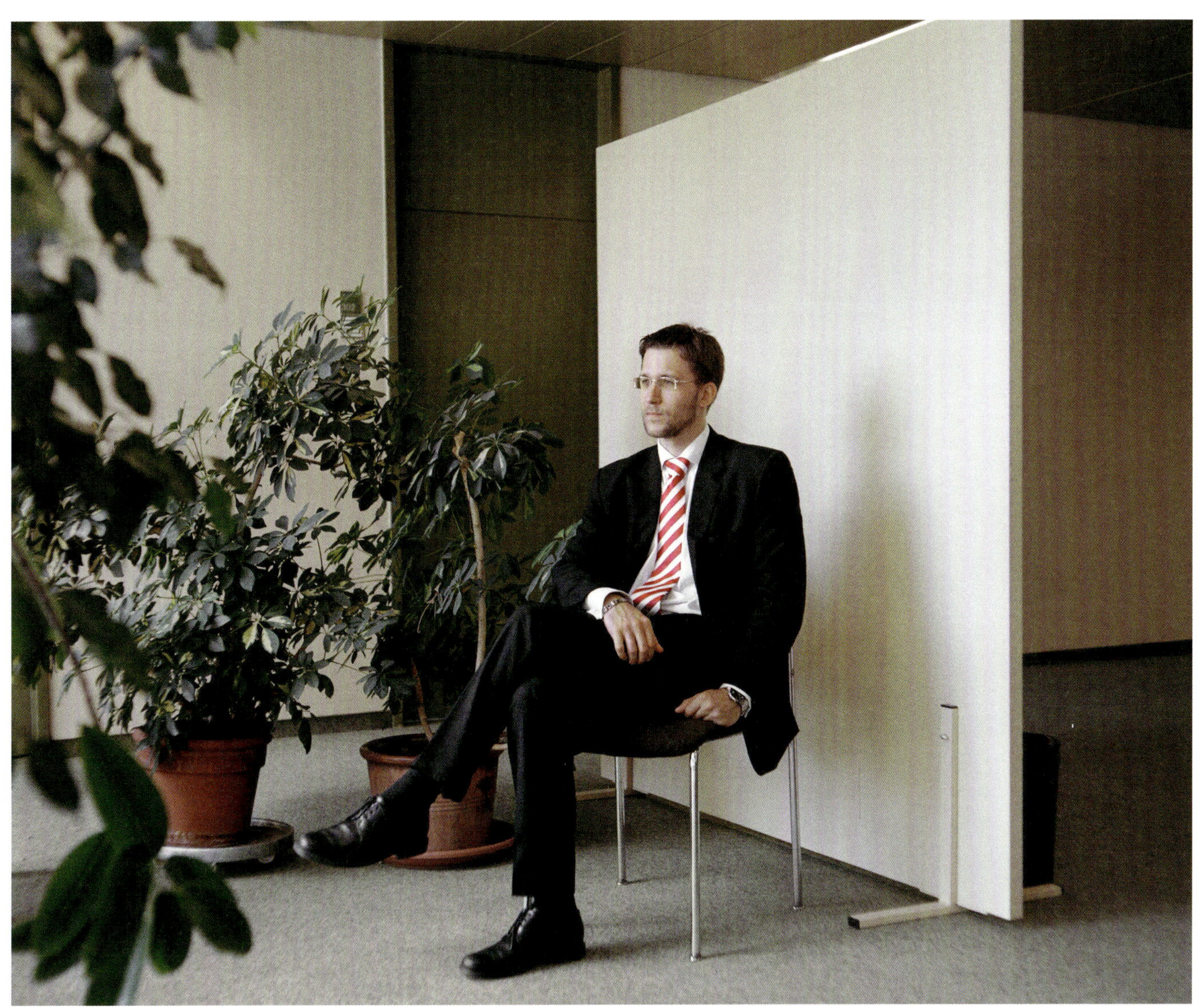

GRASEL: "[...] Mid December 2000, in the time leading up to Christmas, I heard of the events on September 9, 2000. I was shocked. After that I practically flipped. When I asked why they had killed a human being, I got no clear response. *(Break.)* I only found out about the Probsteigasse bombing, in Cologne, after reading the press reports, and asking them whether they had anything to do with it. *(Break.)* With regard to the charges from June 13, 2001, and June 27, 2001, I can only say that I had nothing to do with either the preparation or execution of such crimes. I was simply speechless, stunned. *(Break.)* On August 29, 2001, Uwe Mundlos and Uwe Böhnhardt murdered Habil Kılıç in Munich. I was not involved in the preparations or execution of that crime. *(Break.)* On September 25, 2002, Uwe Mundlos and Uwe Böhnhardt robbed the bank on the Karl-Marx-Straße, in Zwickau. I was not involved in the preparations or execution of that robbery. *(Break.)* I had nothing to do with the murder of Yunus Turgut in Rostock, on February 25, 2004. *(Break.)* On June 9, 2004, Uwe Mundlos und Uwe Böhnhardt committed a bombing in the Keupstraße, in Cologne. I was not involved in the preparations or execution of that attack. *(Break.)* They also told me about four other murders they committed on June 9, 2005, in the Scharrerstraße, Nuremberg; on June 15, 2005, in the Trappentreustraße, Munich; on April 4, 2006, in the Mallinckrodtstraße, Dortmund; and on April 6, 2006, in the Holländische Straße, in Kassel. My reaction is hard to describe. I was stunned, horrified, and felt powerless. *(Break.)* On April 25, 2007, Uwe Mundlos and Uwe Böhnhardt murdered police officer Michèle Kiesewetter and seriously injured police officer Martin A. They had not informed me of the matter previously. *(Break.)* I deny the accusation that I was part of the terrorist organisation known as NSU. *(Break.)* I sincerely apologize to the victims and their families for the crimes committed by Uwe Mundlos and Uwe Böhnhardt."
GÖTZL: "Do you claim this declaration as your own, Ms Zschäpe?" *(Zschäpe nods.)*

— **Day 249, December 9, 2015, Mathias Grasel, Beate Zschäpe's defence lawyer. From: "Der NSU-Prozess. Das Protokoll des dritten Jahres" ('The NSU Trial: Transcripts of the third year'), *Süddeutsche Zeitung Magazin*, 1/2016**

GRASEL: »[...] Mitte Dezember 2000, während der Adventszeit, erfuhr ich von den Geschehnissen am 09. 09. 2000. Ich war geschockt. Ich bin daraufhin regelrecht ausgeflippt. Auf meine Frage, warum sie einen Menschen getötet hatten, erhielt ich keine klare Antwort. *(Pause.)* Vom Bombenanschlag in der Probsteigasse in Köln erfuhr ich erst, als ich sie nach Berichten in der Presse darauf ansprach, ob sie etwas damit zu tun hätten. *(Pause.)* Mit Blick auf die Tatvorwürfe vom 13. 06. 2001 sowie 27. 06. 2001 kann ich mich nur insoweit äußern, dass ich weder an irgendwelchen Vorbereitungshandlungen noch an den Ausführungen beteiligt war. Ich war einfach nur sprachlos, fassungslos. *(Pause.)* Am 29. 08. 2001 begingen Uwe Mundlos und Uwe Böhnhardt den Mord an Habil Kılıç in München. Ich war weder an der Vorbereitung noch an der Durchführung dieser Tat beteiligt. *(Pause.)* Am 25. 09. 2002 überfielen Uwe Mundlos und Uwe Böhnhardt die Sparkasse in der Karl-Marx-Straße in Zwickau. Ich war weder an der Vorbereitung noch an der Durchführung des Überfalls beteiligt. *(Pause.)* Mit dem Mord vom 25. 02. 2004 an Yunus Turgut in Rostock hatte ich nichts zu tun. *(Pause.)* Am 9. Juni 2004 begingen Uwe Mundlos und Uwe Böhnhardt den Bombenanschlag in der Keupstraße in Köln. Ich war weder an den Vorbereitungshandlungen noch an der Tatausführung beteiligt. *(Pause.)* Sie erzählten mir auch von weiteren vier Morden, die sie am 09. 06. 2005 in der Scharrerstraße in Nürnberg, am 15. 06. 2005 in der Trappentreustraße in München, am 04. 04. 2006 in der Mallinckrodtstraße in Dortmund und am 06. 04. 2006 in der Holländischen Straße in Kassel begangen hatten. Meine Reaktion ist schwer zu beschreiben: Fassungslosigkeit, Entsetzen, das Gefühl von Machtlosigkeit. *(Pause.)* Am 25. 04. 2007 ermordeten Uwe Mundlos und Uwe Böhnhardt die Polizistin Michèle Kiesewetter und verletzten den Polizisten Martin A. schwer. Sie hatten mich zuvor nicht darüber informiert. *(Pause.)* Ich weise den Vorwurf der Anklage, ich sei ein Mitglied einer terroristischen Vereinigung namens NSU gewesen, zurück. *(Pause.)* Ich entschuldige mich aufrichtig bei allen Opfern und Angehörigen der Opfer der von Uwe Mundlos und Uwe Böhnhardt begangenen Straftaten.«
GÖTZL: »Machen Sie sich diese Erklärung zu eigen, Frau Zschäpe?« *(Zschäpe nickt.)*

— **Tag 249, 9. Dezember 2015, Mathias Grasel, Verteidiger von Beate Zschäpe. Aus: »Der NSU-Prozess. Das Protokoll des dritten Jahres«, *Süddeutsche Zeitung Magazin,* 1/2016**

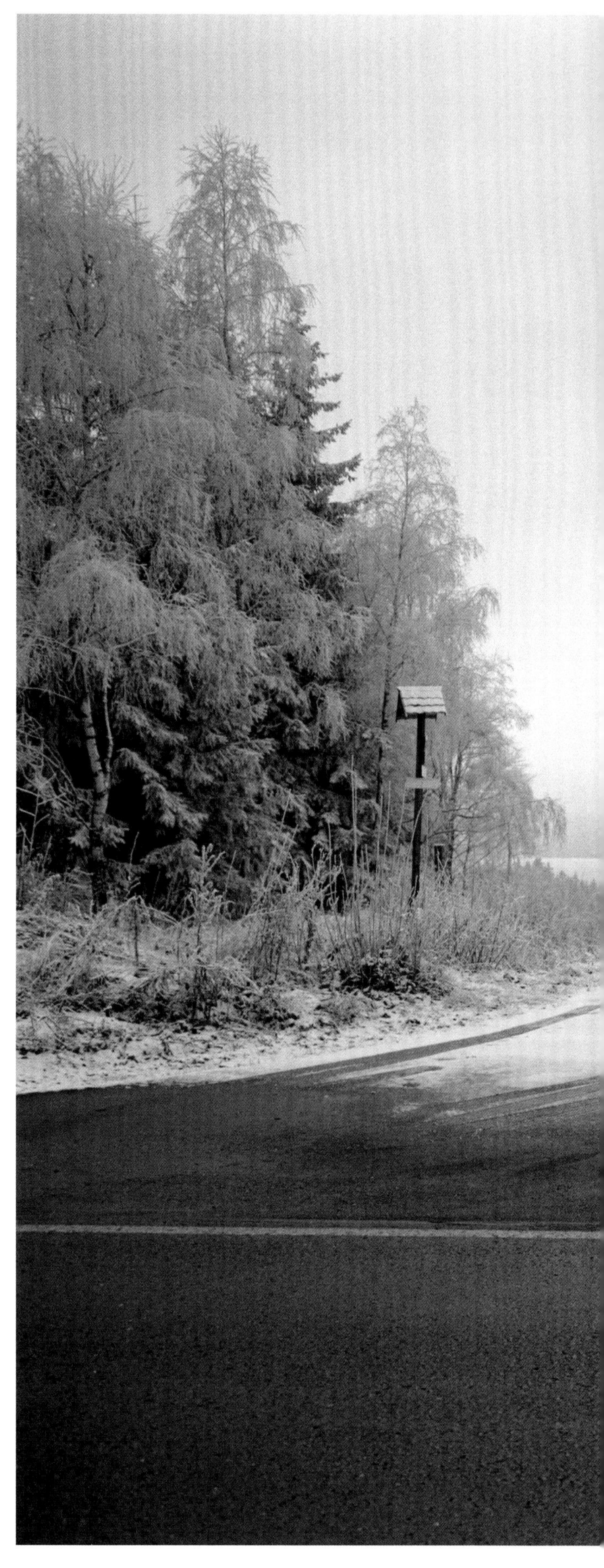

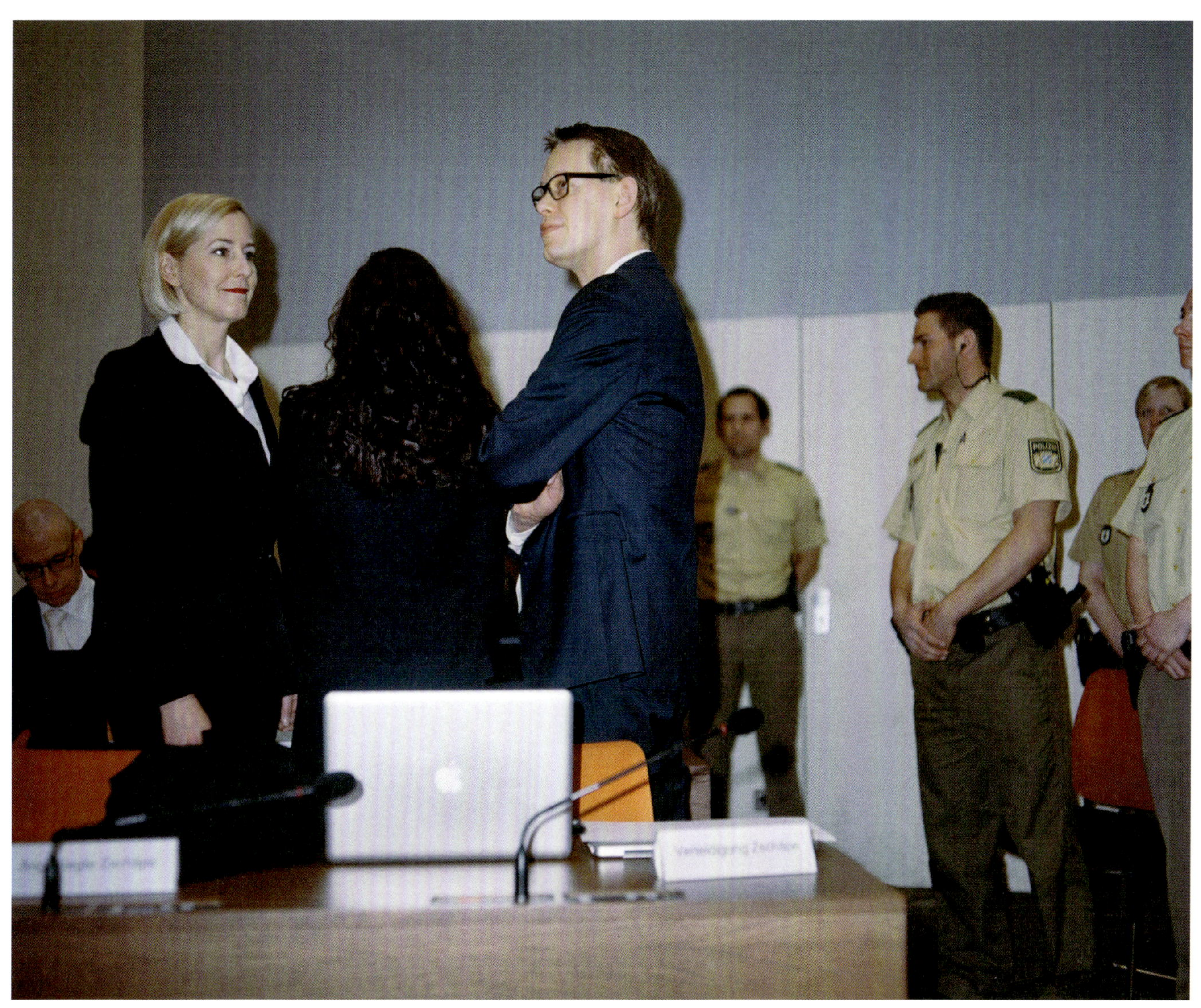

"[...] Tendencies towards dominance, toughness, an ability to assert oneself and a passion for debate become increasingly discernible. There is role playing involved and, ultimately, an obvious pleasure in drawing an interesting, colourful picture of oneself. In contrast, the letter offers neither evidence of mental illness, with heavy mood swings or a disturbed perception of reality, nor any indication of a massive personality disorder. The image created by the text does not support the hypothesis of a weak, dependent person, acting under duress, or that of someone resigned to subordination. Signs of a breakdown in development, a personal trauma, or indications of a change of heart, cannot be derived from the letter. Of course, it must be noted that the text was composed before the trial, and in full knowledge of the fact that it might be reviewed. However, it is not as if one would be confronted with an altogether different picture of the defendant if one were to leave the letter out entirely. It is rather that the letter reinforces the personality outlined by witness descriptions, and observations heard during the main trial. Hence, the letter complements all the prior evidence in a logical and supplementary fashion. This confirms a continuity of all relevant personality traits from the beginning of the reported period, in the mid-nineties, to the present."

— **Prof Dr. Henning Saß (Psychological evaluation of the defendant Beate Zschäpe).**
**NSU Watch transcript from the 337th day of the trial, January 18, 2017**

»[...] Erkennbar werden Tendenzen zu Dominanz, Härte, Durchsetzungsfähigkeit und Diskussionsfreude. Schließlich gibt es ein Spielen mit Rollen und offenbar eine Freude daran, ein interessantes, schillerndes Bild von sich zu zeichnen. Dagegen gibt es im Brief keine Hinweise für eine psychische Erkrankung mit schwerwiegenden Verstimmungen oder Störungen der Realitätskontrolle, ebenso keine Hinweise auf eine massive Persönlichkeitsstörung. Das aus dem Schreiben entstehende Bild spricht gegen die Hypothese einer schwachen, abhängigen, fremdbestimmten und sich resignierend unterordnenden Person. Hinweise für Brüche in der Entwicklung, eine persönliche Erschütterung oder eine innere Umkehr lassen sich aus dem Brief nicht entnehmen. Allerdings ist dabei natürlich zu berücksichtigen, dass der Brief vor dem Prozess und im Wissen um eine mögliche Kontrolle verfasst wurde. Würde man den Brief weglassen, so ergäbe sich kein gänzlich anderes Bild von der Angeklagten. Vielmehr entspricht das Schreiben der Charakterisierung der Persönlichkeit, wie sie sich aus den Zeugenschilderungen und auch den Beobachtungen in der Hauptverhandlung ergibt. Von daher reiht der Brief sich schlüssig und ergänzend in die übrigen Informationen ein. Das spricht für eine Kontinuität der wesentlichen Persönlichkeitszüge von Beginn der Berichtszeit Mitte der 1990er-Jahre bis in die Gegenwart.«

— **Prof. Dr. Henning Saß (Psychiatrisches Gutachten über die Angeklagte Beate Zschäpe).**
**NSU Watch Protokoll, 337. Verhandlungstag, 18. Januar 2017**

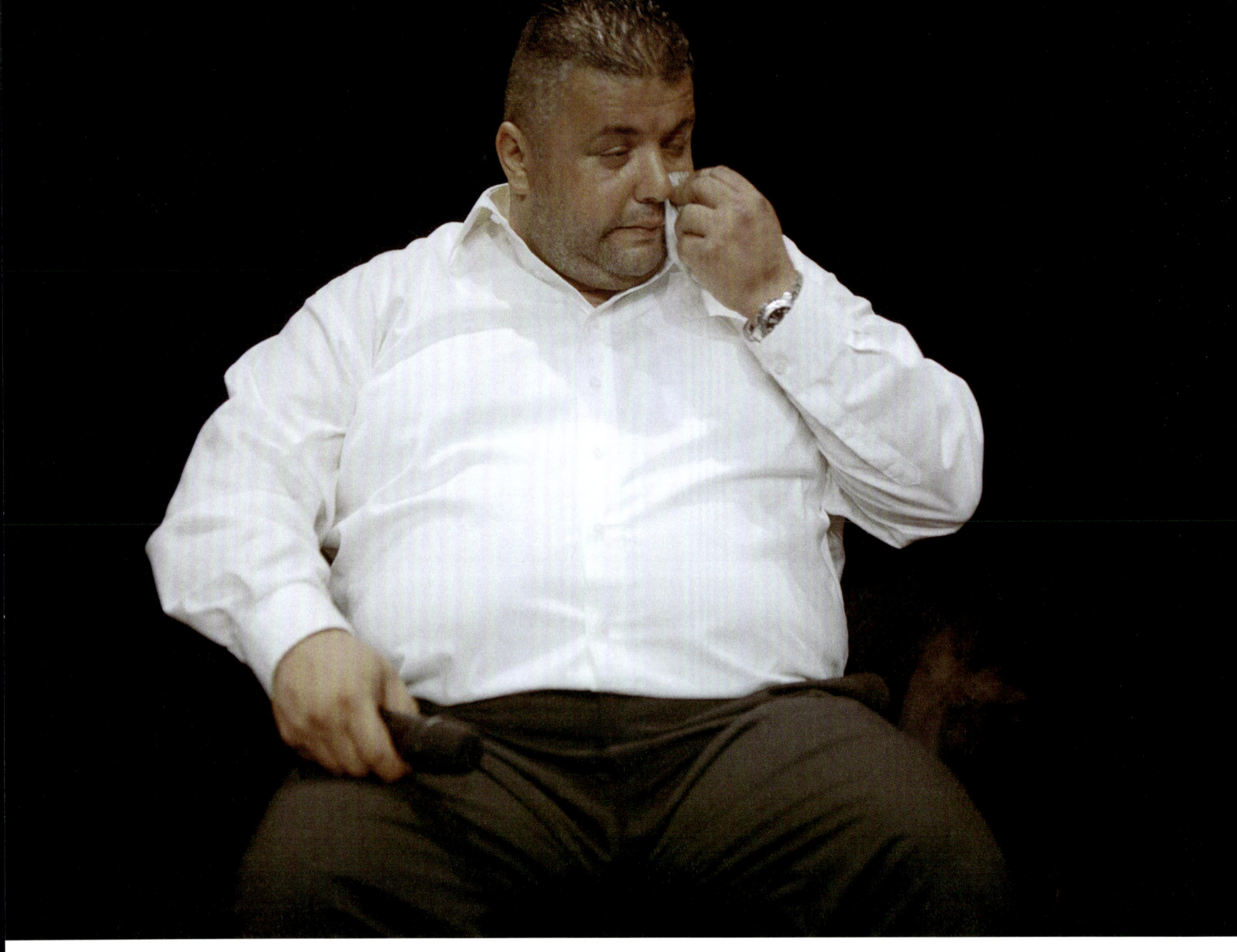

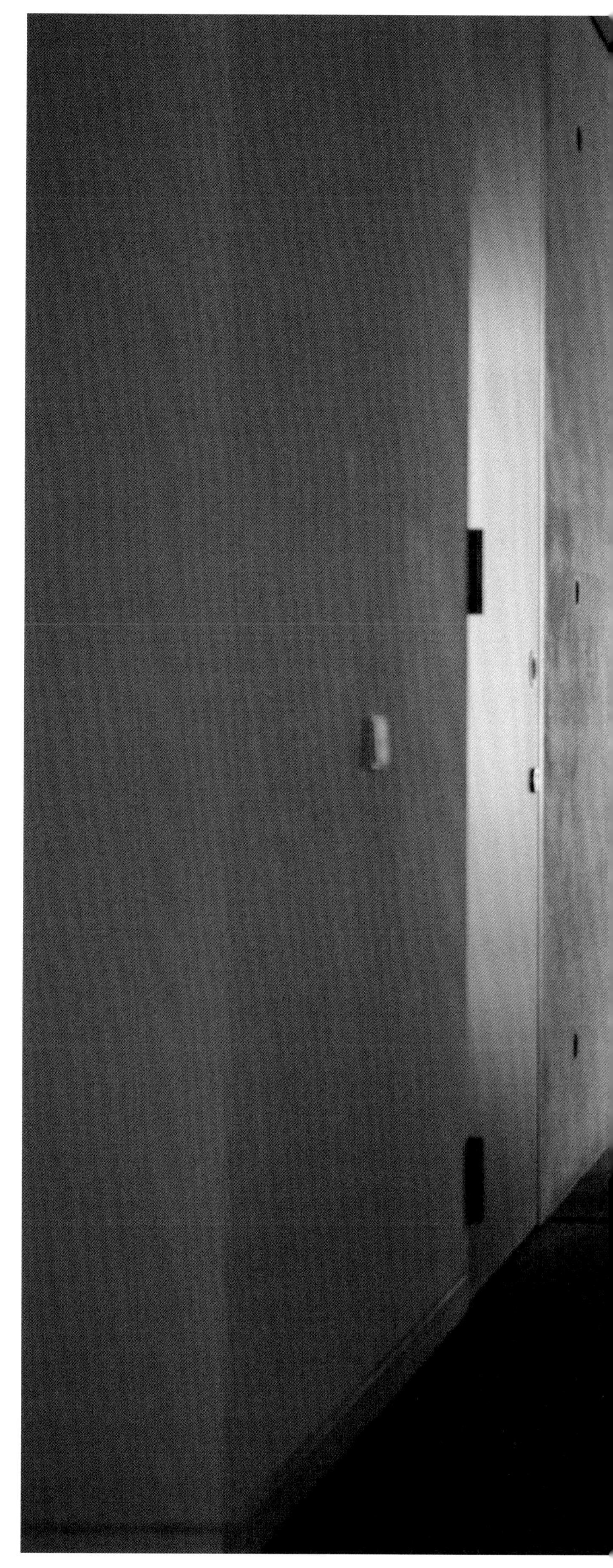

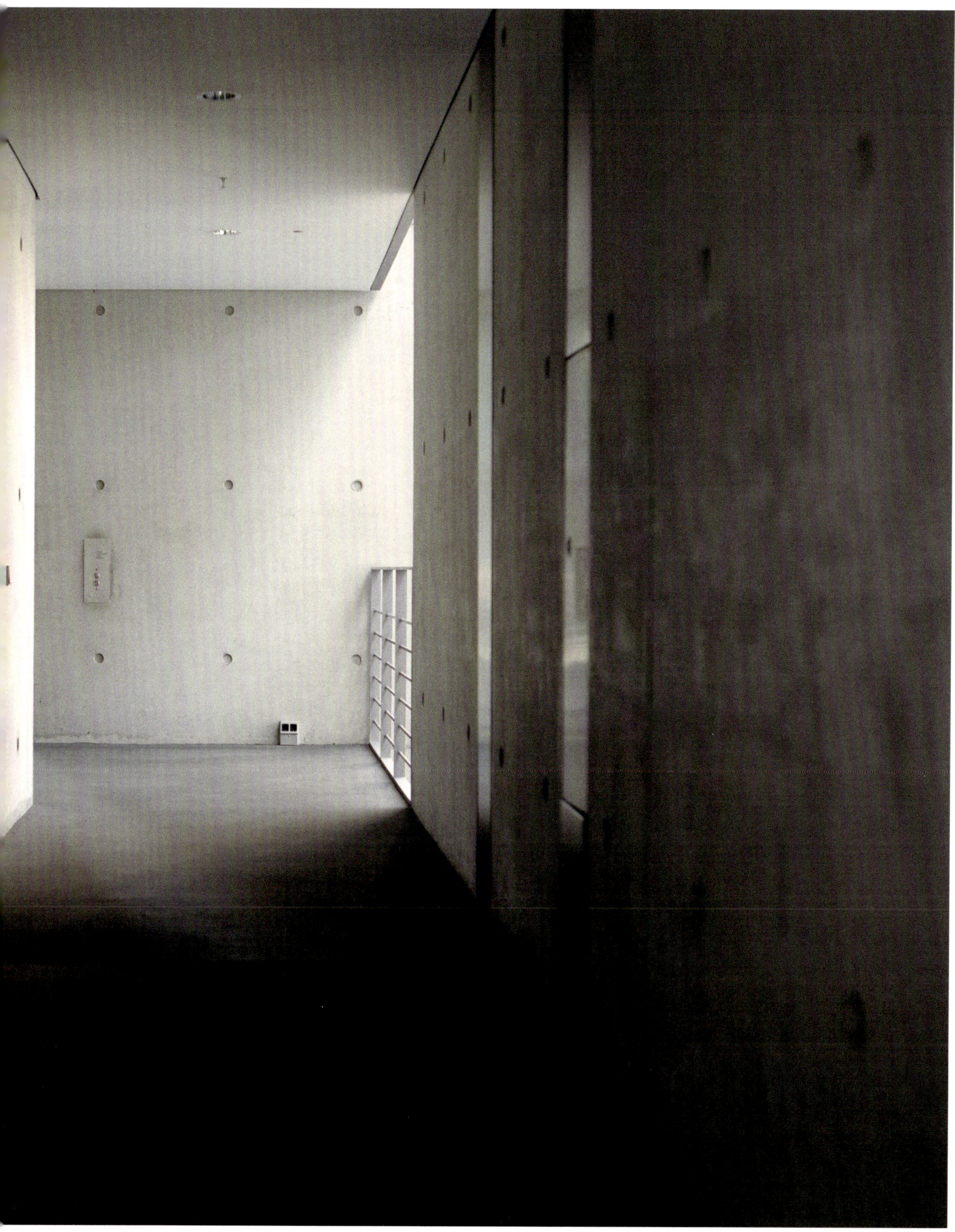

# Index

8

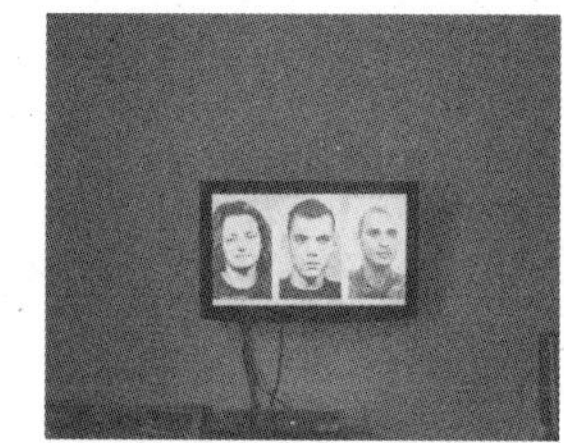

10–11

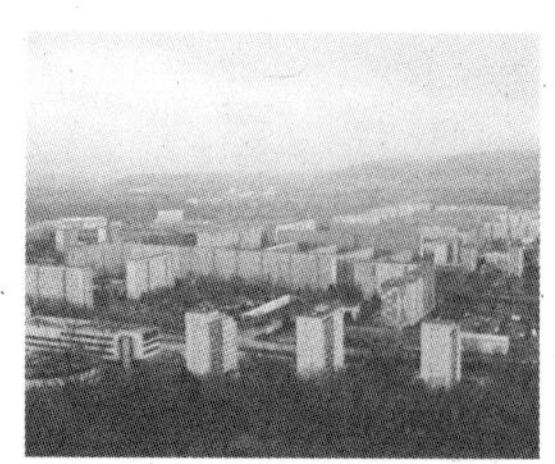

13

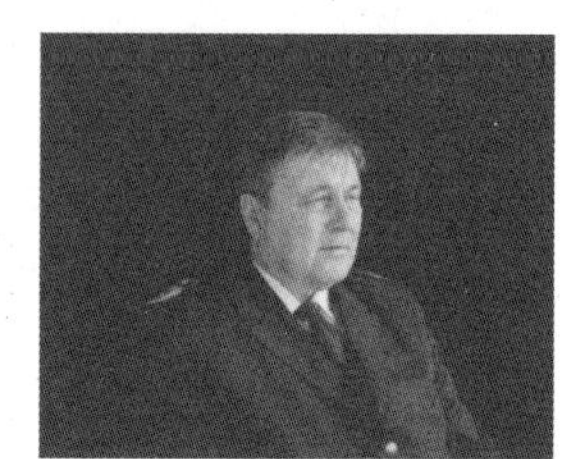

14–15

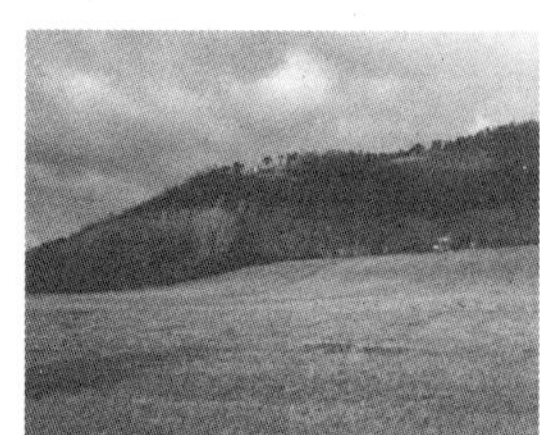

16–17

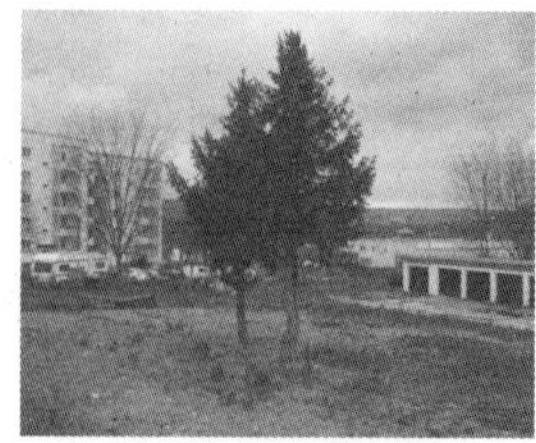

Beate Zschäpe, Uwe Böhnhardt, Uwe Mundlos. Mug shots on the NDR TV News.

— **Stresemannstraße, Hamburg**

Beate Zschäpe, Uwe Böhnhardt, Uwe Mundlos. Fahndungsfotos in den Tagesthemen, NDR Fernsehen.

— **Stresemannstraße, Hamburg**

Apartment block satellite estate in Neulobeda, 22,000 residents in a 3.36 square kilometre area, and home to Uwe Böhnhardt's family.

— **Neulobeda, Jena**

Plattenbau-Trabantenstadt Neulobeda, 22000 Einwohner auf einer Fläche von 3,36 Quadratkilometern, Wohnort der Familie Uwe Böhnhardts.

— **Neulobeda, Jena**

Bernd Merbitz, Chief of the police's State Protection Bureau, 1991–1998, at the State Office for Criminal Investigations in Saxony and head of "Soko REX", a special task force for right-wing extremism. Since 2013 he is the director of the OAZ in Saxony, which is concerned with the information exchange and cooperation between all institutions fighting right-wing extremism and politically motivated crime.

— **Operative Centre for Defence against right-wing extremism (OAZ), Leipzig**

Bernd Merbitz, 1991–1998 Leiter der Abteilung Polizeilicher Staatsschutz beim Landeskriminalamt Sachsen und Chef der Sonderkommission Rechtsextremismus (Soko REX). Heute Leiter des OAZ, das den Informationsaustausch und die Zusammenarbeit aller mit der Bekämpfung von Rechtsextremismus und politisch motivierter Kriminalität befassten Organisationseinheiten der sächsischen Polizei bündelt.

— **Operatives Abwehrzentrum gegen Rechtsextremismus (OAZ), Leipzig**

In September 1988, Uwe Böhnhardt's brother Peter, 17 years old at the time, fell from the Lobdeburg ruins at Jena during a night-time party and died. The exact circumstances were never clarified. According to witnesses, the circle of people surrounding the NSU trio stored weapons in a hiding place below the Lodeburg during the early 1990s.

— **Lobdeburg, Jena-Lobeda**

Im September 1988 stürzte Uwe Böhnhardts Bruder Peter, damals 17 Jahre alt, während einer nächtlichen Feier von der Lobdeburg-Ruine bei Jena und verstarb. Die genauen Umstände wurden nie geklärt. Laut Zeugenaussagen lagerte das Umfeld des NSU in den frühen 1990er-Jahren in einem Versteck unter der Lobdeburg Waffen.

— **Lobdeburg, Jena-Lobeda**

Uwe Mundlos and Beate Zschäpe meet at the Winzerclub in the 1990s; Uwe Böhnhardt enters the picture somewhat later, and the three of them make their first contacts in the far-right-wing scene.

— **Premises of the former Winzerclub youth centre, Jena-Winzerla**

In den 1990er-Jahren lernen sich Uwe Mundlos und Beate Zschäpe im »Winzerclub« kennen, später kommt Uwe Böhnhardt hinzu, die drei knüpfen erste Kontakte zur rechten Szene.

— **Gelände des ehemaligen Jugendzentrums »Winzerclub«, Jena-Winzerla**

18

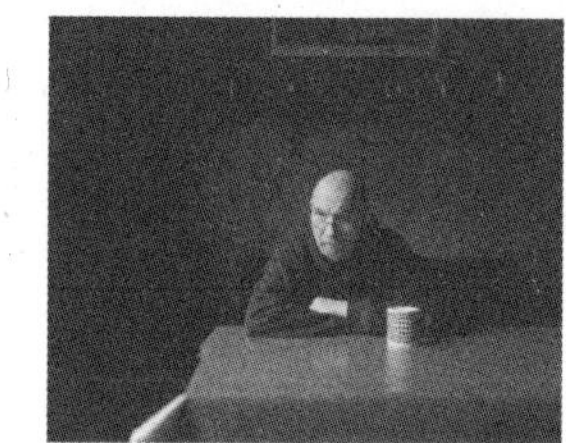

22–23

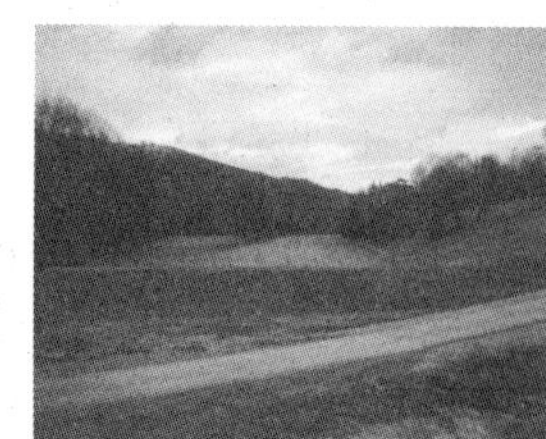

26–27

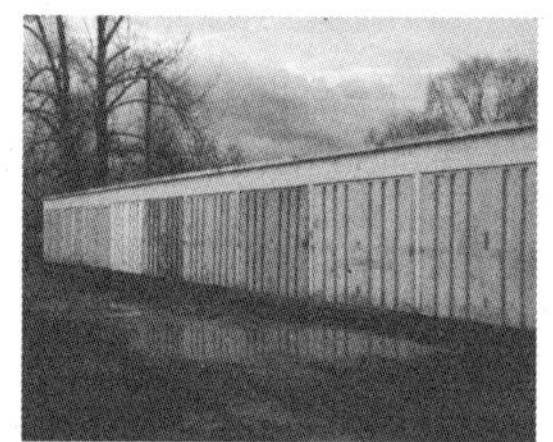

29

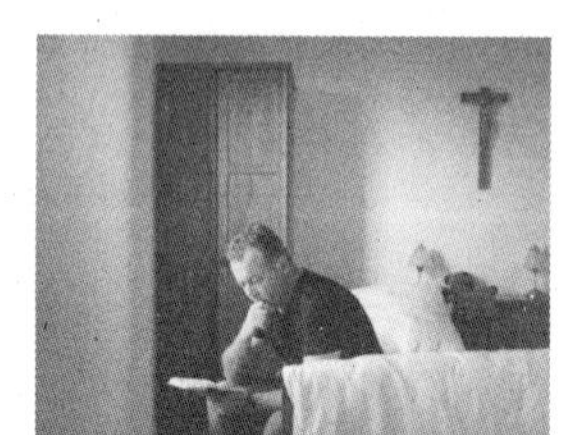

32

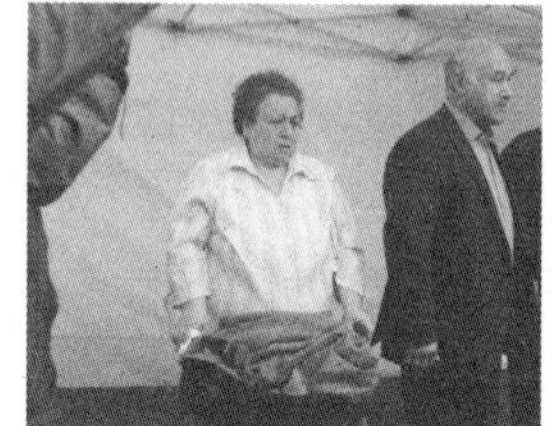

"Kaktus" was a so-called street worker at the former Winzerclub youth centre. This is where the NSU trio met in the 1990s. The social worker and his team were later criticised for having a perhaps overly accepting attitude in their youth work, which provided space for right-wing extremism to flourish.

— **Winzerla, Jena**

»Kaktus«, Streetworker im ehemaligen Jugendzentrum »Winzerclub«. Hier lernte sich das NSU-Trio in den 1990er-Jahren kennen. Der Sozialarbeiter und sein Team gerieten wegen ihrer »akzeptierenden Jugendarbeit« in die Kritik, mit der sie Räume für Rechtsradikale geschaffen haben sollen.

— **Winzerla, Jena**

On April 13, 1996, between the hours of 1 a.m. and 1.20 a.m., Uwe Böhnhardt hung the torso of a doll fitted with the yellow star of David and an explosive and incendiary device, from a bridge over the Federal Highway 4 at km 178.5, district of Bucha, in the locality of Pösen.

— **Pösen, Thuringia**

Am 13.04.1996 zwischen 01:00 Uhr und 01:20 Uhr hing Uwe Böhnhardt an der Brücke der Bundesautobahn 4 bei km 178,5, Gemarkung Bucha, Ortsteil Pösen, einen Puppentorso, versehen mit einem gelben Judenstern und einer Spreng- und Brandvorrichtung, auf.

— **Pösen, Thüringen**

On January 26, 1998, after police had searched a storage garage, rented by Beate Zschäpe, and found propaganda material, explosives and half-finished pipe bombs, the trio went into hiding.

— **Garage 5. Garage complex at the sewage plant, Jena**

Nach der Durchsuchung einer von Beate Zschäpe angemieteten Garage am 26. Januar 1998, bei der die Polizei Propagandamaterial, Sprengstoff und halbfertige Rohrbomben fand, tauchte das Trio in den Untergrund ab.

— **Garage 5. Garagenverein an der Kläranlage, Jena**

Mario M., detective, as of 1995, a member of the Soko REX unit (a special commission dealing with right-wing extremism) in Thuringia, later renamed the Terrorism / Extremism Investigation Team. He is seen here at the St. Ottilien Monastery, preparing for his statement in front of the National and State NSU Inquiry Committees, in which the LKA and the State Office for the Protection of the Constitution of Thuringia were heavily implicated.

— **Arch Abbey St. Ottilien, Bavaria**

Mario M., Kriminalbeamter, ab 1995 Mitglied der Soko REX (Sonderkommission Rechtsextremismus) in Thüringen, später Ermittlungsgruppe Terrorismus / Extremismus. Im Kloster St. Ottilien bereitete er sich auf seine Aussagen vor den NSU-Untersuchungsausschüssen von Bund und Ländern vor, mit denen er das LKA und das Landesamt für Verfassungsschutz Thüringen schwer belastete.

— **Erzabtei St. Ottilien, Bayern**

Hatice Taşköprü, mother of Süleyman Taşköprü, the third NSU murder victim, at the renaming of the northern part of the Kohlentwiete, Hamburg-Altona, in the summer of 2014.

— **Tasköprüstraße, Hamburg**

Hatice Taşköprü, Mutter von Süleyman Taşköprü, dem dritten Mordopfers des NSU, bei der Zeremonie zur Umbenennung des nördlichen Teils der Kohlentwiete, Hamburg Altona, im Sommer 2014.

— **Tasköprüstraße, Hamburg**

**34–35**

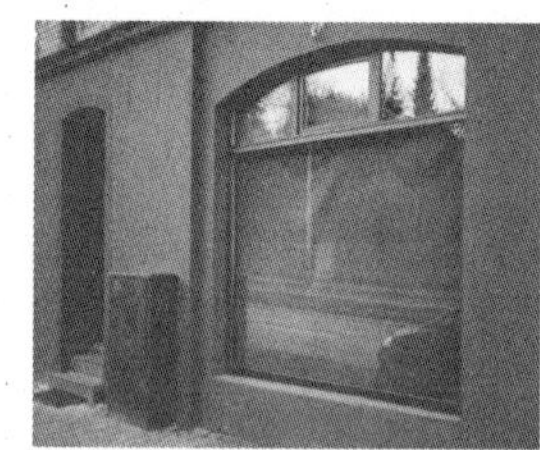

**38–39**

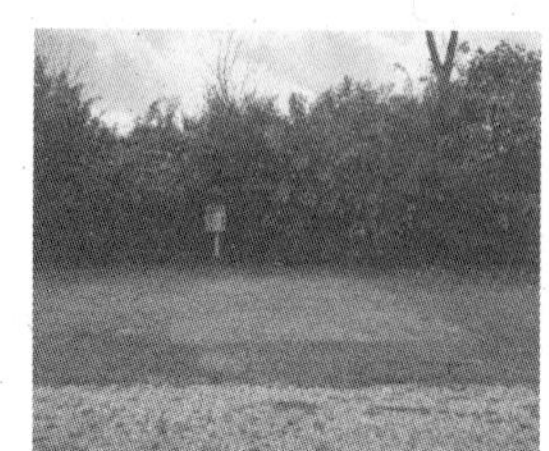

**41**

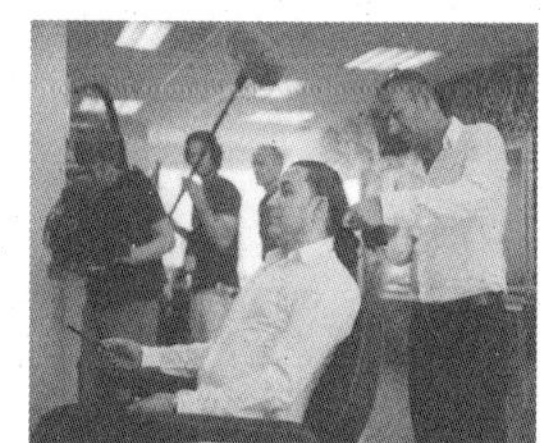

**44**

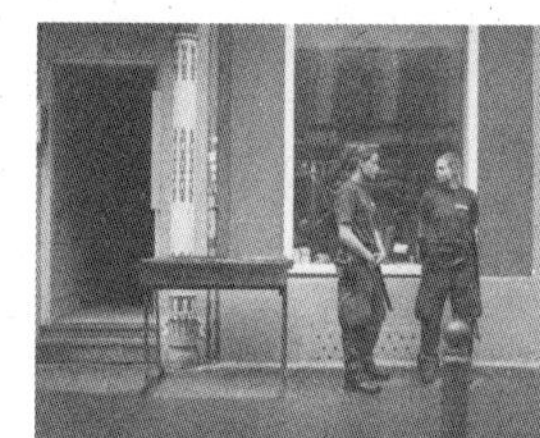

**46–47**

**50–51**

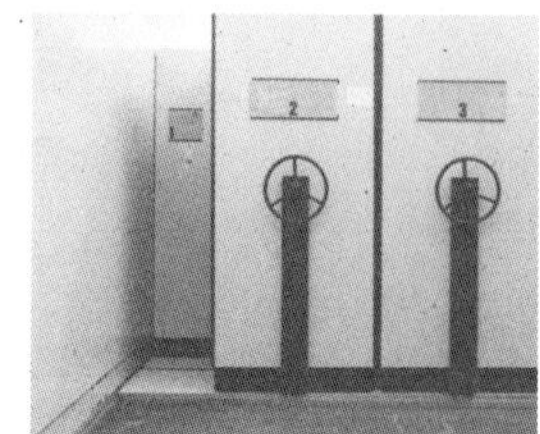

On April 6, 2006, Halit Yozgat was murdered at his father's internet café. Andreas Temme, nicknamed "Klein Adolf" (little Adolf), worked for the State Office for the Protection of the Constitution in Hessen (LfV). Initially, Temme was the main focus of investigation, as he was not only present at the time of the crime but was also the only witness not to come forward to the police, and because he left the internet cafe only seconds after the murder took place.

— **Holländische Straße 82, Kassel**

Am 06. April 2006 wurde Halit Yozgat im Internetcafé seines Vaters ermordet. Andreas Temme, Mitarbeiter des Landesamtes für Verfassungsschutz Hessen (LfV), Spitzname »Klein Adolf«, war zur Tatzeit anwesend und zunächst als mutmaßlicher Täter im Fokus der Ermittlungen, da er sich als einziger Zeuge nicht bei der Polizei meldete und das Internetcafé nur wenige Sekunden nach dem Mord verließ.

— **Holländische Straße 82, Kassel**

Camping grounds in the south-eastern part of the Baltic island of Fehmarn; a regular vacation spot for the NSU trio.

— **Mobile home parking space on the Wulfener Hals camping grounds. Wulfen, Fehmarn**

Campinglatz im Südosten der Ostseeinsel Fehmarn, regelmäßiger Sommerurlaubsort des NSU-Trios.

— **Wohnmobil-Stellplatz auf dem Campingplatz Wulfener Hals. Wulfen, Fehmarn**

Özcan Yildirim with his cousin. Both survived the bomb attack on Keupstraße, on June 9, 2004, in which a nail bomb was detonated in front of their hair salon.

— **Özcan Yildirim's hair salon. Keupstraße, Köln**

Özcan Yildirim mit seinem Cousin. Beide überlebten das Bombenattentat am 9. Juni 2004 in der Keupstraße, bei dem eine Nagelbombe vor ihrem Friseursalon detonierte.

— **Friseursalon von Özcan Yildirim. Keupstraße, Köln**

Police officers secure the road. Ten years after the nail bomb attack on June 9, 2004, former Federal President Joachim Gauck visits the site during the "Birlikte" Memorial Ceremony.

— **Keupstraße, Cologne-Mühlheim**

Polizistinnen sichern die Straße. Anlässlich des zehnten Jahrestages des Nagelbomben-Attentats vom 9. Juni 2004 besucht der damalige Bundespräsident Joachim Gauck während der Gedenkveranstaltung »Birlikte« den Tatort.

— **Keupstraße, Köln-Mühlheim**

Regular summer vacation spot for the NSU trio. According to photos and witnesses, Uwe Mundlos was a keen windsurfer.

— **Nordstrand, Wulfener Hals camping grounds, Baltic island of Fehmarn**

Regelmäßiger Sommerurlaubsort des NSU-Trios. Uwe Mundlos soll laut Fotos und Zeugenaussagen Windsurfer gewesen sein.

— **Nordstrand, Campingplatz Wulfener Hals, Ostseeinsel Fehmarn**

Among numerous others, the Bildzeitung newspaper used the term "Döner-Morde" (Kebab murders) which was subsequently voted "worst expression of the year", in 2011. A press release from the linguistically critical "Unwort des Jahres" (worst expression of the year) campaign described the selection of words as "an archetypal instance of the political dimensions of the murder series being mischaracterised and willingly ignored."

— **Archive Axel-Springer Publishing, Berlin**

Neben zahlreichen anderen Medien nutze die Bildzeitung den Begriff »Döner-Morde« vor Auffliegen des NSU für ihre rassistisch motivierte Mordserie. 2011 wurde er zum Unwort des Jahres gewählt. »Der Ausdruck steht prototypisch dafür, dass die politische Dimension der Mordserie jahrelang verkannt oder willentlich ignoriert wurde« (Pressemitteilung der Sprachkritischen Aktion Unwort des Jahres).

— **Archiv des Axel-Springer-Verlags, Berlin**

54–55

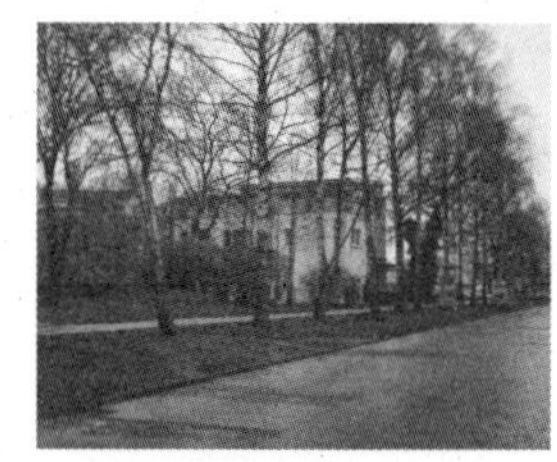

57

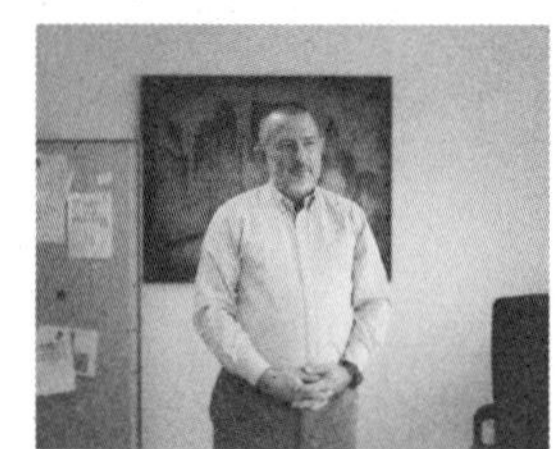

60–61

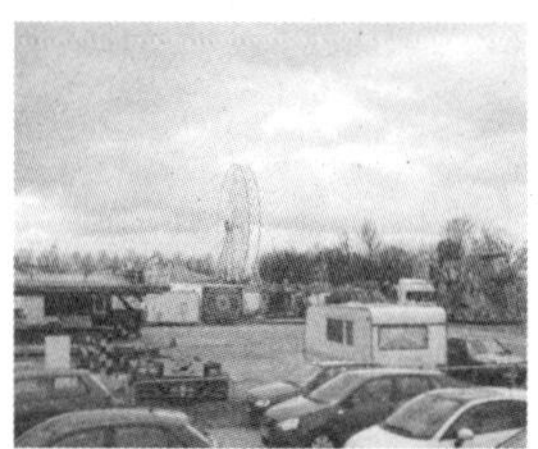

62–63

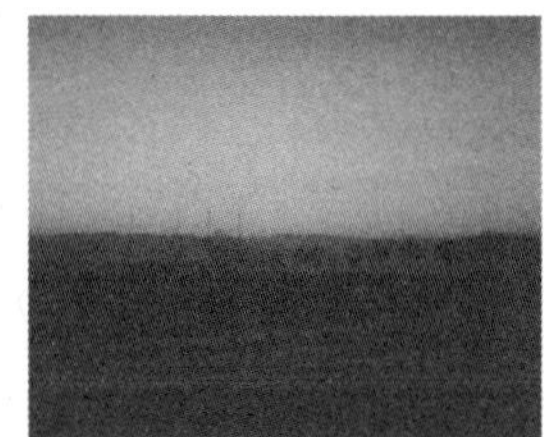

64–65

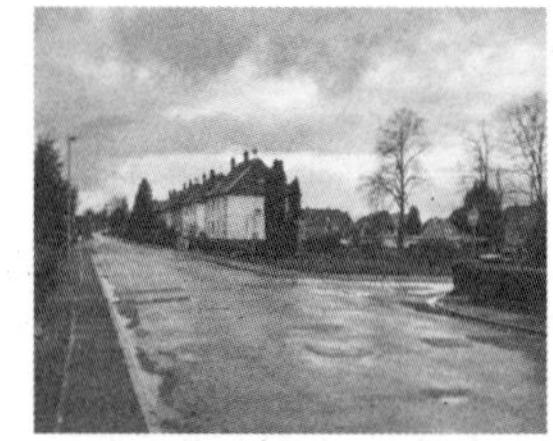

On November 7, 2006, Mundlos and Böhnhardt robbed the Stralsund Savings Bank. On January 18, 2007, the duo robbed the same bank again, stealing a total of 255,000 euros.

Am 7. November 2006 überfallen Mundlos und Böhnhardt die Sparkasse Stralsund in der kleinen Parower Straße. Am 18. Januar 2007 überfällt das Duo die gleiche Sparkasse noch einmal, insgesamt erbeuteten sie fast 255 000 Euro.

— **Kleine Parower Straße 51, Stralsund**

— **Kleine Parower Straße 51, Stralsund**

Stephan Kramer, Secretary General of the Central Council of Jews in Germany, 2004–2014, and Director of the Office for the Protection of the Constitution Thuringia, since 2015. Zschäpe, Böhnhardt and Mundlos went into hiding while Kramer's predecessor, Helmut Römer, was in charge.

Stephan Kramer, 2004–2014 Generalsekretär des Zentralrates der Juden in Deutschland, seit 2015 Leiter des Amtes für Verfassungsschutz Thüringen. Unter der Leitung seines Vorgängers Helmut Römer tauchten Zschäpe, Böhnhardt und Mundlos in den Untergrund ab.

— **Office for the Protection of the Constitution Thuringia, Erfurt**

— **Amt für Verfassungsschutz Thüringen, Erfurt**

The tactical unit policewoman Michèle Kiesewetter was shot dead in her police car, at the Theresienwiese, in the city of Heilbronn, on April 25, 2007. Her colleague Martin A. survived a shot to the head with severe injuries. The investigation was led down the wrong path and remained inconclusive until the NSU disclosure in November 2011, when police-service guns belonging to both the victims were found in the motorhome, and a pair of trousers containing traces of Mundlos' DNA, as well as samples of Kiesewetter's blood, were discovered in the NSU apartment in Zwickau.

Am 25. April 2007 wurde die Bereitschaftspolizistin Michèle Kiesewetter in ihrem Dienstfahrzeug auf der Theresienwiese in Heilbronn erschossen. Ihr Kollege Martin A. überlebte schwer verletzt einen Kopfschuss. Die Ermittlungen führten auf falsche Spuren und blieben bis zur Enttarnung des NSU, bei dem die Dienstwaffen beider Opfer im Wohnmobil und eine Hose mit Blutspritzern Kiesewetters und Mundlos' DNA in der Zwickauer NSU-Wohnung gefunden wurden, im November 2011 ergebnislos.

— **Theresienwiese, Heilbronn**

— **Theresienwiese, Heilbronn**

Uwe Mundlos and Uwe Böhnhardt died in their mobile home in Eisenach, after a bank robbery, on November 4, 2011. On the same day, the NSU trio's Frühlingsstraße 26 apartment, in Zwickau, was wrecked by an explosion followed by a fire.

Am 4. November 2011 starben Uwe Mundlos und Uwe Böhnhardt nach einem Banküberfall in ihrem Wohnmobil in Eisenach. Am selben Tag kam es zu einer Explosion mit anschließendem Brand in der Wohnung des Trios in der Frühlingsstraße 26 in Zwickau.

— **Bundesstraße 93, Zwickau, in the direction of Eisenach**

— **Bundesstraße 93, Zwickau Richtung Eisenach**

Last residence of the trio before Beate Zschäpe set the house on fire following the disclosure of the NSU on November 4, 2011.

Letzter Wohnort des Trios, bevor Beate Zschäpe nach Auffliegen des NSU am 4. November 2011 das Haus in Brand steckte.

— **Frühlingsstraße 26, Zwickau**

— **Frühlingsstraße 26, Zwickau**

68

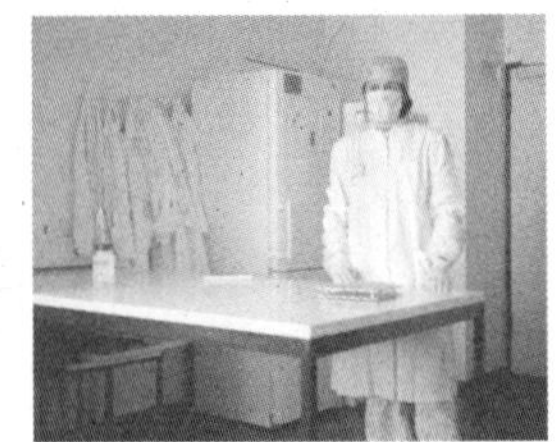

70–71

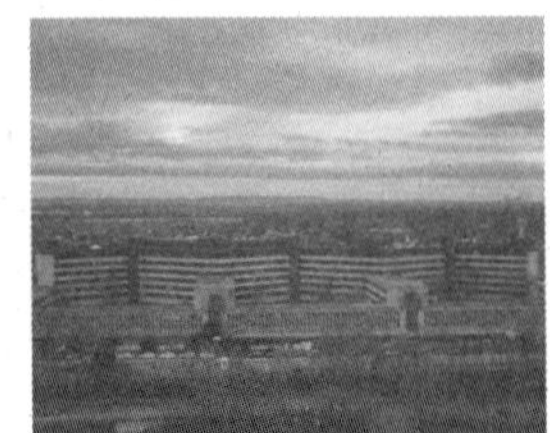

74

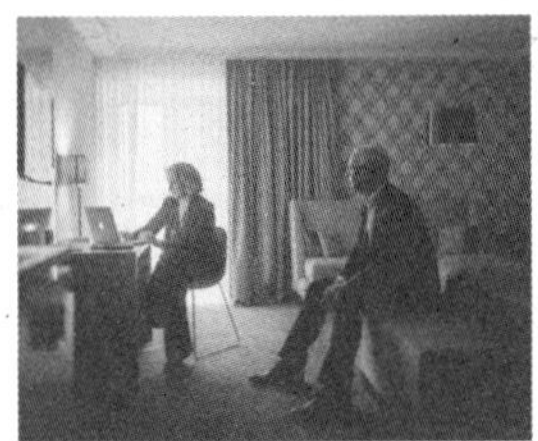

76–77

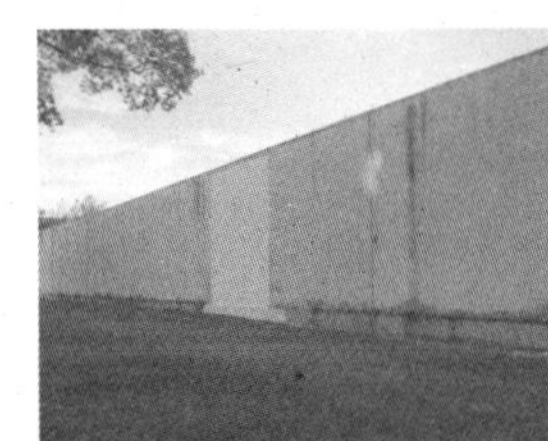

Professor Sabine Lutz-Bonengel, forensic molecular biologist at the Institute for Forensic Medicine, at the University Hospital Freiburg. Professor Lutz-Bonengel was responsible for analysing clues, pertaining to her field of expertise in trace analysis and heritage, for the criminal investigation of the NSU case.

— **Institute for Forensic Medicine / Forensic Molecular Biology, Freiburg**

Prof. Dr. rer. nat. Dipl.-Biol. Sabine Lutz-Bonengel, forensische Molekularbiologin am Institut für Rechtsmedizin des Universitätsklinikums Freiburg, Professorin für die Fachgebiete Spurenanalyse und Abstammungsgutachten. Für die Kriminalpolizei untersuchte sie Spuren zum NSU-Prozess.

— **Institut für Rechtsmedizin / Forensische Molekularbiologie, Freiburg**

After the NSU disclosure, the German Federal Office for the Protection of the Constitution (BfV) destroyed potentially relevant files pertaining to the circle of people surrounding the perpetrators. Heinz Fromm, BfV president at the time, stepped down as a consequence. A total of seven files are said to have been destroyed within two days, in two separate procedures. In 2016, the BfV recovered relevant pieces of evidence that had been withheld until that time.

— **German Federal Office for the Protection of the Constitution (BfV), Cologne**

Nach der Enttarnung des NSU wurden beim Bundesamt für Verfassungsschutz potenziell relevante Akten zum Umfeld der Täter vernichtet, der damalige Präsident Heinz Fromm trat daraufhin zurück. In zwei Schritten im Abstand von zwei Tagen sollen insgesamt sieben Operativakten vernichtet worden sein. 2016 tauchten mutmaßlich zurückgehaltene relevante Beweisstücke im BfV auf.

— **Bundesamt für Verfassungsschutz, Köln**

Thomas Bliwier and Doris Dierbach, attorneys in the civil suit for the family of Halit Yogzat, murdered on April 6, 2006, in Kassel.

— **Hotel Erzgießerei. Erzgießereistraße, Munich**

Thomas Bliwier und Doris Dierbach, Anwälte der Nebenklage der Familie von Halit Yozgat, ermordet am 6. April 2006 in Kassel.

— **Hotel Erzgießerei. Erzgießereistraße, München**

On July 11, 2018, NSU supporter Ralf Wohlleben was convicted of complicity in nine cases of murder, and received a prison sentence of ten years. Wohlleben was released from custody after six years and eight months. In view of a maximum remaining detention period of three years and four months, neither the Court nor the Federal Prosecutor saw any further risk of flight. In 2012, Wohlleben had been transferred from the Tonna Remand Prison, in Thuringia, to the Stadelheim Prison in Munich. His custodial conditions were tightened when it was discovered that Wohlleben had been bypassing the prison's postal control, trying to influence witnesses and co-accused alike, and attempting an escape.

— **Exterior wall of the Stadelheim Prison, Munich**

Am 11. Juli 2018 wurde der NSU-Unterstützer Ralf Wohlleben wegen Beihilfe zum Mord in neun Fällen zu einer Freiheitsstrafe von zehn Jahren verurteilt. Nach sechs Jahren und acht Monaten wurde er aus der Untersuchungshaft entlassen. Das Gericht sah ebenso wie die Bundesanwaltschaft angesichts der maximal noch zu verbüßenden Haftdauer von drei Jahren und vier Monaten keine Fluchtgefahr mehr. 2012 war Wohlleben aus der Untersuchungshaft im thüringischen Tonna in die JVA München Stadelheim verlegt worden. Seine Haftbedingungen wurden verschärft, da Wohlleben die Postkontrolle im Gefängnis umgangen und dabei versucht haben soll, auf Zeugen sowie Mitbeschuldigte einzuwirken sowie einen Fluchtversuch zu unternehmen.

— **Außenmauer der Justizvollzugsanstalt München Stadelheim**

**80–81**

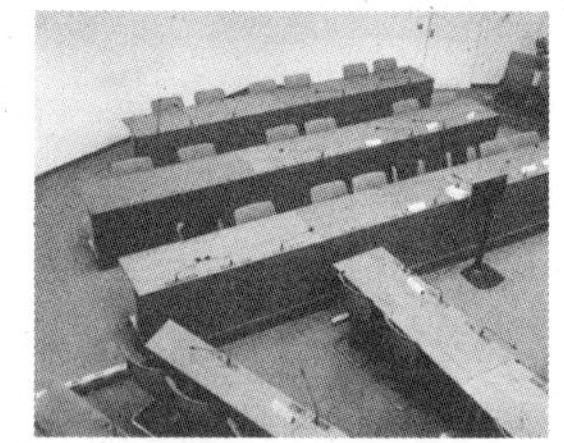

**83**

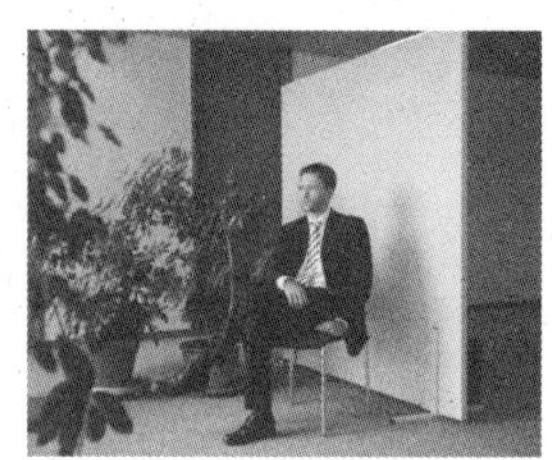

**86–87**

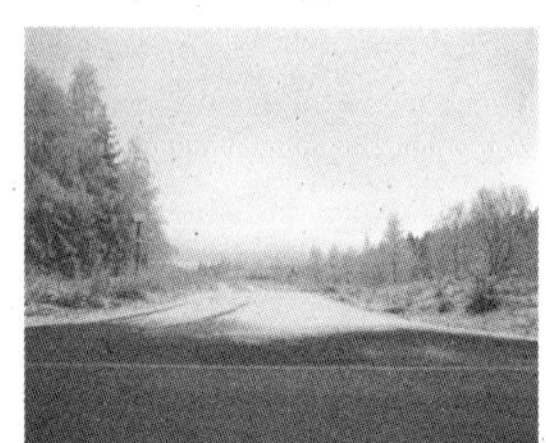

**89**

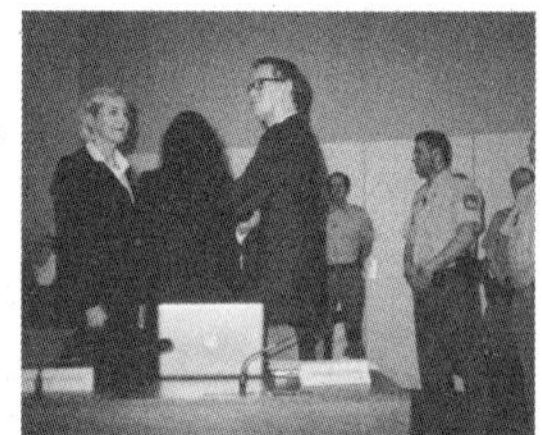

**92**

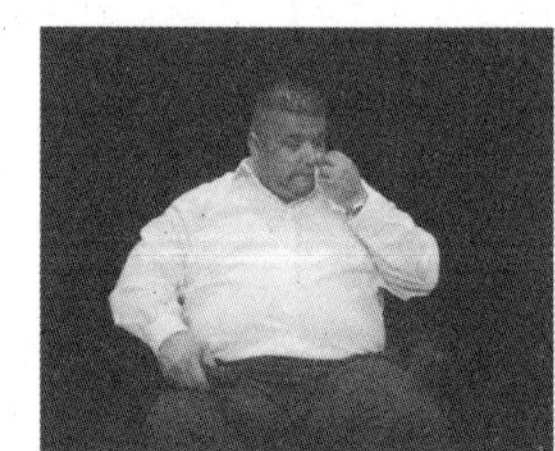

**94–95**

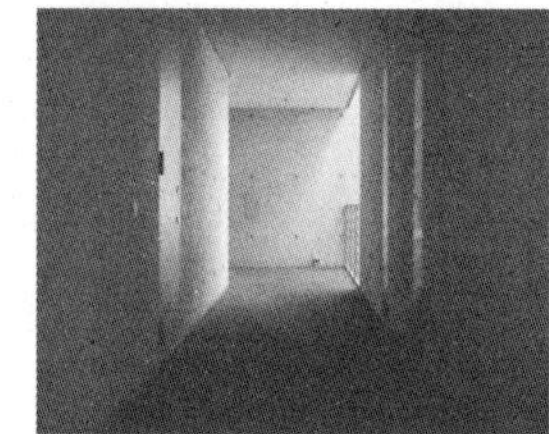

The 6th Criminal Division of the Higher Regional Court in Munich has been presiding over the NSU trial from May 6, 2013 until July 11, 2018.

— **Seat of the accused in court room 101, Higher Regional Court Munich**

Vom 6. Mai 2013 bis zum 11. Juli 2018 fand vor dem 6. Strafsenat des Oberlandesgerichts München der NSU-Prozess statt.

— **Anklagebank, Schwurgerichtssaal 101, Oberlandesgericht München**

Matthias Grasel, Beate Zschäpe's public defender since July 2015. Shortly after his appointment, he announced that the defendant was ready to talk. He read out Beate Zschäpe's 53-page statement on December 9, 2015. After four years of silence, it was the first time she expressed anything about the charges levelled against her.

— **Higher Regional Court, Munich**

Matthias Grasel, seit Juli 2015 vierter Pflichtverteidiger von Beate Zschäpe. Kurz nach seiner Bestellung kündigte er die Gesprächsbereitschaft der Angeklagten an. Von ihm ließ Beate Zschäpe am 9. Dezember 2015 eine 53-seitige Erklärung verlesen, mit der sie sich nach über vier Jahren des Schweigens erstmals zu den Anklagevorwürfen äußerte.

— **Oberlandesgericht München**

The body of Peggy Knobloch, missing since 2001, was found in an area of forest in southern Thuringia in 2016. The site also yielded several pieces of evidence, including traces of Uwe Böhnhardt's DNA. The evidence was not accepted, however, because, according to official sources, it had been contaminated during the process of being secured.

— **Forest in Wurzbach, Thuringia**

Die Leiche der seit 2001 vermissten Peggy Knobloch wurde im Juli 2016 in einem Waldstück im südlichen Thüringen aufgefunden. Am Fundort wurden zahlreiche Spurenträger, darunter die DNA von Uwe Böhnhardt, sichergestellt. Offizielle Begründung war eine Verunreinigung bei der Spurensicherung.

— **Waldstück bei Wurzbach, Thüringen**

Beate Zschäpe with her Defence Attorneys Anja Sturm and Wolfgang Heer, March 25, 2015, day 195 of the NSU trial.

— **Juried court room 101, Criminal Justice Centre Munich**

Beate Zschäpe mit ihren Strafverteidigern Anja Sturm und Wolfgang Heer am 25.03.2015, 195. Verhandlungstag des NSU-Prozesses.

— **Schwurgerichtssaal 101, Strafjustizzentrum München**

Abdullah Özkan, survivor of the nail bomb attack on Cologne's Keupstraße, taking part in a podium discussion during the "Birlikte" Memorial Ceremony in June 2014.

— **Schauspiel Köln stage. Carlswerk, Cologne**

Abdullah Özkan, Überlebender des Nagelbombenattentats in der Kölner Keupstraße, auf einer Podiumsdiskussion im Rahmen der Gedenkveranstaltung »Birlikte« im Juni 2014.

— **Bühne des Schauspiel Köln. Carlswerk, Köln**

March 17, 2016, public session of the German Bundestag's Third NSU Committee of Inquiry (NSU III).

— **Paul-Löbe-Haus. German Bundestag, Berlin**

17. März 2016: Öffentliche Sitzung des dritten NSU-Untersuchungsausschusses (NSU III) des Deutschen Bundestages.

— **Paul-Löbe-Haus. Deutscher Bundestag, Berlin**

# Impressum / Colophon

Lektorat / Copyediting
Monika Reutter (Deutsch / German)
Philip Jacobs (Englisch / English)

Übersetzung / Translation
Rosella Vaughn, Osanna Vaughn, Philip Jacobs
(Deutsch–Englisch / German–English)
Lina Gaisser (Schwedisch–Deutsch / Swedish–German)
Saliha Yeniyol (Deutsch–Türkisch / German–Turkish)

Eventuelle Rechtschreib- und Grammatikfehler in zitierten Quellen entstammen den Originaltexten / Possible spelling or grammatical errors derive from the original sources

Buchkonzept / Book concept
Paula Markert, Markus von Fehrn-Stender

Gestaltung / Graphic Design
Markus von Fehrn-Stender

Bildbearbeitung / Retouching
Kay Riechers

Schrift / Typeface
Adobe Garamont Pro

Papier / Stock
Profibulk 1.1, 135 g / m²
RecyStar Nature, 100 g / m²

Herstellung / Production
Christine Stricker

Druck / Printing
Druckerei Ziegler, Neckarbischofsheim

Bindung / Binding
Buchbinderei Schaumann, Darmstadt



Erste Auflage, Juli 2019
First edition, July 2019

800 Exemplare / Copies

Erschienen bei / Published by
Hartmann Books
Breitscheidstraße 48
70176 Stuttgart
www.hartmannprojects.com

Hartmann Books ist der Verlag von Hartmann Projects; ein Unternehmen, das Künstler fördert, Ausstellungen organisiert und kuratiert sowie Bücher verlegt.

Hartmann Books is the publishing arm of Hartmann Projects, a company promoting artists, curating and organizing exhibitions, and publishing books.

ISBN 978-3-96070-037-1

Gedruckt in Deutschland
Printed in Germany